CHARLES GRANDMOUGIN

ORPHÉE

DRAME ANTIQUE

QUATRE ACTES, DIX TABLEAUX

AVEÇ

UNE PRÉFACE DE L'AUTEUR

PARIS

CALMANN LÉVY, ÉDITEUR

RUE AUBER, 3, ET BOULEVARD DES ITALIENS, 15

A LA LIBRAIRIE NOUVELLE

1882

ORPHÉE

MOTTEROZ, Adm.-Direct. des Imprimeries réunies, B, Puteaux.

CHARLES GRANDMOUGIN

ORPHÉE

DRAME ANTIQUE

EN QUATRE ACTES, DIX TABLEAUX

AVEC

UNE PRÉFACE DE L'AUTEUR

PARIS

CALMANN LÉVY, ÉDITEUR

ANCIENNE MAISON MICHEL LÉVY FRÈRES

3, RUE AUBER, 3

1883

Droits de reproduction et de traduction réservés

PRÉFACE

J'ai lu ce drame antique, pour la première fois, presque en entier à l'Université de Genève, en janvier dernier. Deux séances ont été consacrées à cette lecture. Comme poète français, je remercie à nouveau le chef du département de l'Instruction publique, Monsieur Carteret, qui a bien voulu m'accorder ces deux soirées supplémentaires ; elles ont terminé la série des cours de l'Université de Genève.

J'ai dit également des morceaux importants de cette œuvre à Paris, à la salle Saint-André, au mois de mars suivant.

Dans mes tournées littéraires, j'en ai fait entendre de courts fragments à Vevey, à Berne, à Marseille, à Béziers, à Alger, à Reims, à Anvers.

Je n'ai pas à défendre un drame antique contre une école récente qui veut borner l'Art à une constatation plus ou moins scientifique des turpitudes contemporaines ; je crois que la vraie Modernité n'est pas là et que, sous une forme antique, on peut exposer, avec originalité, les éternels sentiments de l'homme.

Mon Orphée est un philosophe humanitaire dont la vie est traversée par un grand amour. Après la perte de l'être cher, tous les problèmes sociaux disparaissent devant sa douleur, et il demeure abîmé dans une désolation stérile.

Il cherche l'oubli dans la religion: vainement; la mauvaise foi des prêtres du temple d'Apollon où il s'est réfugié achève de rendre son cœur plus amer et son esprit plus noir ; il sort donc de ce temple, forcément du reste et en secret, à la suite de violentes péripéties. Je ne le fais pas descendre aux enfers pour retrouver Eurydice; me conformant aux réalités psychologiques, je lui montre, dans un rêve, après une série de tentations et d'épreuves, celle qu'il adore éperdument.

Son réveil a ravivé sa douleur : las de pleurer, il constate l'inanité de son désespoir et résout de se détruire. Mais il veut au moins que sa fin soit profitable à l'humanité et il s'offre pour aller égorger un tyran barbare, cherchant ainsi sa propre mort dans un utile dévouement.

Tel est, sans parler de l'intrigue dramatique, le plan succinct de cette pièce.

Les lecteurs jugeront eux-mêmes quelle part j'ai réservée aux allusions et à l'actualité. Mais *Orphée* est-il jouable ? Dans ma foi de poète et d'ennemi de la routine, je le crois et je ferai tous mes efforts pour persuader à un directeur d'accueillir cette pièce, ou pour la monter moi-même, dans un théâtre spécial. Ce que Massenet a fait pour les *Erinnyes* de Leconte de Lisle, et Membrée pour l'*Œdipe roi* de Lacroix, mon collaborateur et ami Benjamin Godard le fera pour mon *Orphée*.

Quelques chœurs chantés et un peu de musique de scène

sont du reste indispensables pour une œuvre qui veut rappeler, comme esthétique théâtrale, les tragédies de Sophocle, d'Euripide et d'Eschyle.

Des critiques m'ont reproché, après une de mes lectures, de ne m'être pas conformé à la légende habituelle d'*Orphée* et d'avoir transformé en assassin ce poète que les mythologies courantes représentent comme un charmeur de bêtes et de rochers, égorgé par les Ménades, dédaignées après la mort d'Eurydice.

Je répondrai simplement que le mythe d'Orphée n'est pas si précis qu'on veut bien le supposer; d'après l'essence même des légendes, il est, avant tout, un poète, un amoureux, un civilisateur. Une fois que les diverses passions inspirées par ces trois rôles sont en jeu dans une âme, c'est à l'auteur de les faire lutter ensemble, d'en assurer le développement et de conclure par un dénouement logique. C'est là ce que j'ai tenté, en présentant, sous un nouveau jour, le type d'Orphée. Je dois dire en terminant que j'ai mis dans mes vers tout ce que j'ai pu trouver en moi de fièvre et d'amour; quelle que soit la destinée de mon œuvre, je sais que j'ai agi, en la créant, avec la sincérité de ma jeunesse et je la livre au public avec confiance.

CHARLES GRANDMOUGIN.

9 Août 1882.

ORPHÉE.

LE GRAND PRÊTRE D'APOLLON.

ERMOR, chef barbare.

BARKAL, roi de Thrace.

CHOÈS, 2º grand prêtre.

PLUTUS.

UN PAYSAN.

UN BATELIER.

MINOS.

EAQUE.

RHADAMANTE.

LE CHEF DES CONJURÉS.

LES CONVIVES DE BARKAL.

LES BARBARES.

JEUNES FILLES ET PAYSANS.

EURYDICE.

LA PYTHIE.

LES MÉNADES.

La scène se passe en Thrace, dans les temps fabuleux, et en Grèce.

ORPHÉE

ACTE PREMIER

A droite, une forêt. — Sur la lisière, la maison primitive d'Eurydice, dans les feuillages. — Plus loin, une campagne avec des platanes et des cyprès. — Au fond, des ruines et des pays ravagés par la guerre.

LES BARBARES, entrant en scène.

Le carnage a rougi les ruisseaux de la ville :
Les morts brûlent par tas dans les maisons en feu !
C'est fini, rien ne bouge : on peut vivre tranquille
Et, sans songer à rien, dormir sous le ciel bleu,

Nos têtes de sueur et de sang sont trempées,
Les poitrines des morts ont craqué sous nos pieds,

Fourbissons à nouveau l'acier de nos épées,
Et l'airain bosselé de nos grands boucliers !

Tout est bien dans Cirrha : les femmes éventrées
S'allongent sur le sol auprès de leurs enfants ;
Les clameurs des vaincus au néant sont rentrées ;
Forêts, retentissez de nos cris triomphants !

Parlant entre eux.

Chef, nous arrêtons-nous à l'ombre de ces chênes ?
Le gazon est épais, les sources sont prochaines,
Nous sommes haletants de nos derniers combats.
— Nous avons massacré beaucoup, nous sommes las !
— Nul ne nous troublera dans ce lieu solitaire.

LE CHEF.

Oui, l'herbe est haute et molle : étendons-nous par terre.

Tous s'assoient.

LES BARBARES, entre eux.

Comptons notre butin ! — Les beaux bracelets d'or !
Pour en avoir aussi je combattrais encor ! —
J'ai dix outres de vin que j'ai prises moi-même,
Dans une maison vide, au faubourg, en passant !
Est-il bon ? — Il est vieux ! — C'est ainsi que je l'aime ! —
Comme il est tiède et rouge ! Il ressemble à du sang ! —
Nous te les achetons pour t'aider à les boire ! —
Que me donnerez-vous ? — Deux tuniques de lin ! —
Une amphore d'argent ! — Ce vieux sceptre d'ivoire ! —
C'est dit ! buvons aux dieux ce cratère tout plein !

Un barbare se lève et chante :

Que le vent léger qui souffle à l'aurore
Nous trouve debout pour d'autres combats !
Nous avons tué : nous tuerons encore ;
L'épée en nos mains ne dormira pas !

L'ivresse repose après la victoire !
Les morts sont baignés dans leur sang vermeil !

Ils sont descendus sous la terre noire !
Buvons à la nuit ! Buvons au sommeil !

ORPHÉE, sortant de la forêt.

Que faites-vous ici ? Pourquoi de vos voix rudes
Troubler lugubrement mes vertes solitudes ?
Ces sources, ces sentiers, ces ombrages épais
N'ont jamais respiré que l'amour et la paix
Et vos chansons de meurtre, au bruit du fer mêlées,
Font pleurer les échos de nos calmes vallées !

LE CHEF.

Homme, qui donc es-tu pour nous parler ainsi ?
C'est peut-être la mort que tu cherches ici ?
Nous pouvons t'égorger sur l'heure, tu l'oublies,
Si tu veux nous conter plus longtemps tes folies !
Sois muet et va-t-en ! C'est un rare bonheur
De nous avoir trouvés en aussi belle humeur !

ORPHÉE.

Non ! Je ne tairai point ce que je dois vous dire !

Pour combattre avec vous je n'ai rien que ma lyre ;
Je suis seul, je suis pauvre et je viens en ami ;
Quoique tremblant, mon cœur ne vous craint qu'à demi,
Car ma mort, après tout, ne vous servirait guère
Et c'est par intérêt, je crois, qu'on fait la guerre !

LE CHEF.

Ton discours importun est quelque peu plaisant,
Tu ne me parais pas un être malfaisant ;
Dis-nous d'abord ton nom, ta patrie et ta race,
Parle !

ORPHÉE.

On me nomme Orphée, et je suis de la Thrace.
Poète, je m'en vais chez des peuples divers,
Je parcours les cités en déclamant mes vers,
Je dis les fleurs, les prés, les bois, la femme aimée,
Je console en passant la faiblesse opprimée,
J'exalte pour le bien les cœurs indifférents,

Je parle de justice à côté des tyrans :
On me voit, au milieu des discordes civiles,
Par mes chants indignés pacifier les villes,
Ou, lorsqu'en mon chemin, je trouve des hauteurs,
Me mêler, pour un soir, aux groupes des pasteurs,
Et puis, le lendemain, par de justes prières
Apaiser la fureur des peuplades guerrières !

LE CHEF.

Ton talent, je le vois, va du grave au léger;
Chante un peu !

ORPHÉE.

Non, je viens pour vous interroger !

LE CHEF.

Vagabond ! ta folie est vraiment amusante ;
Veux-tu boire avec nous? Ta raison est absente,
Et tu ne perdras rien à t'enivrer un peu.

ORPHÉE.

D'où vient ce vin?

LE CHEF.

Ce vin est le fils du ciel bleu.
Sans doute il a mûri sous ces côtes prochaines,
Mais l'homme que voici l'a récolté, sans peines,
Dans la ville où naguère on se battit très fort ;
Nul ne l'a réclamé, tout le monde étant mort.

ORPHÉE, jetant le vin.

Et c'est depuis longtemps votre vie ordinaire?

LE CHEF.

Que crois-tu donc alors que fait l'homme de guerre?
Des gens exterminés qui de nous se souvient?
Nous prenons chez autrui tout ce qui nous convient,
Et, sans faire la cour aux femmes les plus belles,
Nous savons les forcer quand elles sont rebelles,

S'ils ne sont pas contents, nous pendons leurs époux,
Et notre roi Barkal est fort content de nous.

ORPHÉE.

Il vous paye?

LE CHEF.

Assez mal.

ORPHÉE.

Et se bat-il lui-même?

LE CHEF.

Pas trop. Quand le péril de l'armée est extrême,
Il apparaît de loin, il fait quelques discours,
Et, lorsque tout va bien, retourne à ses amours!

ORPHÉE.

Et vous, que faites-vous après votre victoire?

LE CHEF.

On arrache aux vaincus un peu de territoire,
On brûle et l'on assomme, on demande rançon,
Et c'est ce qu'on appelle une rude leçon.

ORPHÉE.

Chef, le vin que tu bois rend ta bouche sincère,
Le carnage te semble un métier nécessaire,
Mais, malgré tout le sang versé, qui peut savoir
Si ce Barkal possède un éternel pouvoir?
Tout tremble devant vous dans les terres conquises,
Vos voluptés au prix du meurtre sont acquises
Et parmi les vaincus nul n'ose encore bouger.
Triomphe d'un moment! silence passager!
Barbares! prenez garde à vos sanglantes fêtes!
Des vengeurs sortiront des martyrs que vous faites,
De lamentables jours viendront où vous verrez
Sur vos frères mourants vos enfants éventrés,
Au milieu du tumulte horrible des mêlées,

1.

Sur le seuil des maisons les femmes violées,
Et dans toute cité les torches et le fer
Étinceler aux mains de ces vaincus d'hier !

LE CHEF.

Ton vers harmonieux un peu trop loin t'emporte ;
Ta vie est en nos mains, souviens-toi.

ORPHÉE.

                              Que m'importe ?
A quoi bon ton air sombre et ton œil irrité ?
Je ne menace point : je dis la vérité.
En semant la victoire, on récolte la haine,
Plus on a triomphé, plus la chute est prochaine,
En tuant, vous fixez vous-même votre sort
Et préparez ainsi sa revanche à la mort.
Et cependant, Barkal, ce héros invisible,
Savourant sans pudeur une gloire paisible,
Dans son palais de marbre est gardé nuit et jour.
Il dort sur de la soie, il rêve, il fait l'amour,

Il s'enivre le soir avec des femmes nues,

Nomme des gouverneurs aux terres inconnues,

Occupe tout un peuple à tromper son ennui

Et chante, quand au loin on s'égorge pour lui !

Oui, vous vous battez bien, vous êtes beaux et braves,

Mais vos cœurs de héros ne sont que cœurs d'esclaves,

Et je suis stupéfait que vous ayez été

Si fermement vaillants dans la servilité !

Regardez en arrière et dites où vous mène

Cette effroyable vie où tout n'est rien que haine !

Soldats, redevenez des hommes ! Contemplez

Ces villages fumants, ces foyers dépeuplés,

Songez que quelque jour on viendra rendre aux vôtres

Le mal que sans pitié vous aurez fait aux autres,

Et que les inconnus expirés sous vos coups

Avaient le droit de vivre et d'aimer, comme vous !

LES BARBARES.

Ce poète est moins sot que j'aurais pu le croire !

— Il a des notions nouvelles sur la gloire !

— Cet endroit est charmant, mais n'en déplaise au roi,
Je commence à trouver qu'on est loin de chez soi.
— Je me sens dégrisé soudainement. En somme,
Pour qui nous battons-nous, amis? Pour un seul homme.
— Oui, nous sommes bien fous et bien sots, en effet,
De massacrer des gens qui ne nous ont rien fait.
— Et nous n'en sommes pas plus riches! — Au contraire!
L'argent volé retourne au trésor de la guerre. —
Allons-nous-en. Cet homme a raison.

LE CHEF.

Arrêtez !
Ou bien je fais trancher la tête aux révoltés!

Ils se regardent en riant.

LE CHEF, se jetant sur Orphée.

Prophète de malheur!

LES BARBARES s'interposant.

Non, respecte sa vie!

ORPHÉE au chef.

Que ta voix, pour toujours, cesse d'être obéie,
Mais que ton mâle orgueil n'en soit pas irrité
Car leur rébellion te met en liberté !
Esclave de Barkal, c'est moi qui te délivre !
En tombant du pouvoir, tu commences de vivre ;
Au lieu de me frapper, sois-moi reconnaissant,
Car si je t'affranchis, je te fais plus puissant.
Malgré le brusque éclat de ta fureur sauvage
Tu n'es point tellement avide de carnage !
Quoi qu'en disent ta voix rauque et ton œil brutal,
Un cœur, comme le mien, bat sous ce froid métal ;
Il est aisé d'avoir aux lèvres le blasphème,
Mais fais ce simple effort de rentrer en toi-même ;
Souviens-toi des vaincus : est-ce bien sans remord
Que depuis si longtemps tu leur donnes la mort?
Bien souvent, n'est-ce pas? le soir de la bataille,
Dans l'ombre, malgré toi, ta poitrine tressaille,
Et l'âcre odeur du sang t'obsède, j'en suis sûr,

Et tu sors de ta tente, et, contemplant l'azur,
Tu souffres d'écouter mille voix désolées
Monter éperdument aux voûtes étoilées
Et dans ton cœur tremblant, affamé de pardon,
Quelque chose t'a dit . « Je voudrais être bon ! »

Le chef se cache la tête dans ses mains.

Oh ! puisses-tu pleurer ! Il en est temps encore,
L'amour se lève en toi comme une immense aurore
Et fait s'évanouir sous sa pure clarté
De ton passé sanglant le spectre détesté.

LES BARBARES.

Oui, chef ! viens avec nous : nous te serons fidèles.

LE CHEF.

Où voulez-vous aller ?

LES BARBARES.

Vers des terres nouvelles,

Là-bas, vers l'occident aux calmes horizons !
— On nous attend peut-être encor en nos maisons ?

— Il n'y faut plus songer. Voilà bien des années,
Qu'on les vit, un matin, par nous abandonnées !
Et je pressens, hélas ! que ceux que nous aimons
Sont morts depuis longtemps en murmurant nos noms !

LE CHEF.

Eh bien, restons armés ! Tu me diras, poète,
Que je dois enlever ce casque de ma tête,
Fuir à jamais ces champs de ruine et d'horreur,
Dans un honnête exil me faire laboureur,
Et sur mes mains du meurtre effaçant toute trace
Forger une charrue avec cette cuirasse !
Non, non ! je garde encore mon vêtement d'acier !

Ayant été bourreau, je serai justicier.
A moi ! mes compagnons, et regagnons l'armée,
Non point pour accomplir la tâche accoutumée,
Mais allons lui parler hautement de ses droits,

Comme autant d'ennemis lui dénoncer ses rois,
Reprendre à nos tyrans les gloires usurpées,
Et retourner contre eux ces coupables épées !

Des trompettes résonnent au loin.

C'est l'appel du départ ; adieu !

UN BARBARE.

Fatalité !

LE CHEF.

Non, non ! c'est le signal de notre liberté !

ORPHÉE.

Les armes à la main, votre révolte est vaine,
Et pour être écoutés, amis, soyez sans haine,
Car vous seriez vaincus avant d'avoir parlé.

LE CHEF.

Être martyr du vrai, c'est mourir consolé !

ORPHÉE

Non! Jure-moi plutôt d'être calme ! Une idée
Par le sang qu'on répand n'est jamais fécondée,
Et, pour mieux dire aux tiens les droits que tu défends,
Imite la douceur qu'on a pour les enfants !

LE CHEF.

Peut-être !

ORPHÉE.

Il faut te dire adieu, car, ce jour même,
Ici, je dois m'unir avec celle que j'aime.
Le temps où je vous parle est pris à mon amour,
Et dans cette clairière on attend mon retour !
Je sens qu'auprès de vous la Justice m'appelle
Mais la vierge promise est si douce et si belle
Que je me sens faiblir, amis, et que mon cœur
M'entraîne tout entier du côté du bonheur !

LE CHEF.

Adieu donc! Je m'appellè Ermor, qu'il t'en souvienne!
Ma main de meurtrier a frémi dans la tienne!
Va! Si jamais ta voix implorait du secours,
Pour toi, du fond du cœur, je donnerais mes jours!
Mais le temps fuit; voici venir ta fiancée!
A notre souvenir arrache ta pensée;
Nous avons désormais des martyrs à venger!
C'est la Justice enfin qui nous mène au danger

Ils partent.

ORPHÉE, seul.

Adieu! leur héroïsme inespéré m'enivre!
C'est moi qui les inspire et je ne puis les suivre!
Pour un amour profond et pur aux beaux rayons,
Je vous quitte, ô combats, ô révolutions,
O cités aux clameurs douloureuses, rivages
Où ma voix a dompté des cœurs noirs et sauvages,
Grands pays inconnus, au hasard traversés,

Amis nouveaux, chéris soudains, trop tôt laissés !
Adieu ! tout ce qui fut ma vie et mon ivresse !
Un espoir plus paisible et plus beau me caresse !
Eurydice ! J'immole à ta douce beauté
Le souci de la paix et de l'humanité ;
Il faut que mon errante et farouche jeunesse
S'épanouisse enfin dans l'amour, et connaisse
Ce qu'ici-bas les dieux ont créé de meilleur,
Une vierge adorée, une jeune âme en fleur !
Ah ! C'est la vérité qui me sourit en elle,
Vérité radieuse à la splendeur nouvelle
Et qui vient apparaître à mon cœur tourmenté
Ainsi qu'une oasis au milieu de l'été !

Des jeunes filles entrent avec Eurydice.

LES JEUNES FILLES.

A la vierge qui t'est donnée
Offre le meilleur de tes jours :
Salut ! nuit sombre et fortunée

Qui viendras voiler vos amours !
Salut, éternel hyménée !

Nous t'apportons des myrtes verts,
Du vin et des roses fleuries :
Viens recevoir à bras ouverts
Celle avec qui tu te maries,
La plus belle de l'univers !

Salut, époux ! Salut, poète !
Les jours calmes sont revenus !
Sois tout entier à ta conquête !
Mille beaux rêves inconnus
Vont passer dans ton âme en fête !

A Eurydice.

Et toi qui vas entre ses bras
Oublier le reste du monde,
C'est pour lui seul que tu vivras !

O douce enfant, deviens féconde
Pendant que nous pleurons tout bas!

Elles s'en vont et Orphée reste seul avec Eurydice.

ORPHÉE.

Eurydice! ô divine extase!

EURYDICE.

O mon époux!

ORPHÉE.

Te voilà donc à moi!

EURYDICE.

Cette nuit est à nous!

ORPHÉE.

Sur ces bancs de gazons fleuris restons encore!

EURYDICE.

Restons!

ORPHÉE.

Au fond du ciel paisible vont éclore
Les astres d'argent clair, si chers aux amoureux :
Les vents se sont éteints dans les taillis ombreux,
Et toute la nature, embaumée et sereine,
Semble sur nos deux cœurs planer en souveraine!
Ah! les rayonnements derniers de ce beau jour,
Certes exalteraient mon dévorant amour
S'il pouvait augmenter encor, ma fiancée!
Mais ta présence emplit tellement ma pensée
Que, si mon sentiment devait être plus fort,
L'excès de mon bonheur me causerait la mort!

EURYDICE.

Je t'aime et près de toi je sens mon cœur se fondre!
Ma bouche à tes accents ne sait plus que répondre
Et, bercé dans un songe ineffable et charmant,
Mon être se repose en toi, divinement!

ORPHÉE.

Oh! que je t'aime ainsi, frémissante et pâmée,
De feux discrets et doux mollement consumée!
Oui, je t'adore, comme un fou, comme un enfant!
Tout à la fois brisé de joie et triomphant,
Et perdant du passé l'inutile mémoire,
C'est à toi, seulement à toi que je puis croire,
A notre double amour, vibrant, surnaturel,
Qui me semble plus grand que la terre et le ciel!
O cheveux d'or, ô mains suaves et tremblantes,
Regards baignés et bleus, paupières nonchalantes,
Cou flexible, beaux seins à peine soulevés,
O charmes infinis si longuement rêvés,
Vous êtes donc à moi dont l'âme vagabonde
Ne cherchait pas l'amour dans les cités du monde,
Mais qui l'ai rencontré si pur, si radieux,
Que des larmes d'extase envahissent mes yeux!

EURYDICE.

Tu n'avais donc jamais aimé!

ORPHÉE.

Jamais ! Ma vie

Roulait dans l'univers, d'elle-même assouvie,

Et ma voix, enivrée à ses propres accents,

Avait fait taire en moi le délire des sens !

Aux heures de repos, heures douces et brèves,

J'ai vu de bien beaux yeux passer comme des rêves ;

Des femmes, visions exquises, ont glissé

Devant mon chaud regard, un moment caressé,

Et de vagues désirs à la douce souffrance

M'ont créé de l'amour la lcintaine apparence !

Mais en te contemplant, être mystérieux,

Un voile, lourd de nuit, est tombé de mes yeux,

Et, délivré soudain de l'erreur coutumière,

Je puis crier bien haut que j'ai vu la lumière !

EURYDICE.

Je t'écoute en tremblant, Orphée, ò mon époux,

Esprit illuminé, cœur éperdument doux,

Mais moi, la vierge obscure entre toutes choisie,
Me voilà donc pour toi plus que la poésie !

ORPHÉE.

Oui ! plus que le passé, plus que tout l'univers !
Je suis régénéré, mes yeux se sont ouverts !
Ne me demande plus maintenant ce que j'aime,
Car je ne sais plus rien au monde, hors toi-même,
Si vibrante à l'amour, si riche en amitié !
Aimons jusqu'à mourir ; tout le reste est pitié !
L'un de l'autre altérés, loin du vain bruit des choses,
Aimons ! Sur ta main blanche et sur tes lèvres roses
Laisse-moi doucement poser ma bouche en feu
Car j'ai l'illusion que je deviens un dieu !

EURYDICE.

La nuit, la tiède nuit s'avance !

ORPHÉE.

                         Et voici l'heure
Où nous devons gagner notre douce demeure,

L'heure mystérieuse où je me sens pâlir'
Devant ce bel hymen qui se doit accomplir!

EURYDICE.

Pourquoi trembler?

ORPHÉE.

Enfant, pourquoi? C'est que mon âme
Se trouble à chaque instant bien qu'elle te réclame!
C'est que ton virginal et radieux aspect
Mêle à mes chauds désirs un étrange respect!

EURYDICE.

Oui! regardons encor les plaines constellées!
Tout se tait, les forêts, les lacs et les vallées;
Seule une source en pleurs au fond du noir ravin
Mêle ses clairs sanglots à ce calme divin!
On sent errer au loin dans l'atmosphère douce
Les parfums des muguets, les senteurs de la mousse,

Et, par le crépuscule imposant abrité,
Notre amour, n'est-ce pas? semble encore augmenté!

ORPHÉE.

Rien, plus rien ne distrait nos yeux : et ma pensée
Par ton haleine au rythme insensible est bercée !
Oh! j'aime à te sentir confiante en mes bras!
Comme une volupté goûtant mon embarras,
J'aime, dans cette nuit, à te voir, indécise
Comme un songe, et pourtant à mes côtés assise !

EURYDICE.

Oui! derrière les monts vaporeux et lointains
Tous les feux du soleil à présent sont éteints!

ORPHÉE.

Ah! c'est la grande nuit qui tombe, nuit bénie,
Qui vient verser sur nous sa douceur infinie.
Nuit bleue et souriante où les bruits apaisés
Invitent les humains à d'éternels baisers !

Ne tardons plus : rentrons : c'est l'heure désirée !

Là-bas monte au ciel calme une lune dorée

Qui donne plus de vie aux désirs des amants :

Mon être s'est empli de doux frémissements

Et te veut tout entière, ô troublante épousée !

EURYDICE.

Je m'abandonne à toi !

ORPHÉE.

Viens !

EURYDICE, poussant un grand cri.

Ah ! Je suis blessée !

ORPHÉE.

Parle-moi ! Qu'as-tu donc ? Quelle brusque douleur ?
Eurydice !

EURYDICE.

Un serpent dormait sous cette fleur !
Je suis perdue !

ORPHÉE.

O Dieux, est-ce réel !

EURYDICE.

Orphée,

Crois-en mes froides mains, ma parole étouffée !
Un vertige inconnu trouble mes yeux : mon sang
Se glace sous le cours de ce venin puissant!
Je chancelle : mon cœur bat moins vite!...

ORPHÉE.

Eurydice!

EURYDICE.

Le poison de la mort en mes veines se glisse!...
L'adieu que je te dis, hélas! c'est pour jamais!
Que la vie était belle ! Et comme je t'aimais!...

ORPHÉE.

Non! tu ne mourras pas !

2.

EURYDICE.

Orphée!...

ORPHÉE.

O mon amie !

EURYDICE.

Adieu !...

ORPHÉE.

Tu te crois morte et tu n'es qu'endormie !
Nous subissons le rêve horrible d'un moment,
Et ce n'est qu'un fugace évanouissement !
Parle-moi ! Que ta main à la mienne réponde !

EURYDICE.

Adieu, mon seul ami ! Je m'envole du monde !
Déjà ma voix s'éteint, mes yeux se font plus lourds !
Adieu, nuit captivante ôtée à mes amours !

Sur le seuil du bonheur je m'arrête, épuisée !
O malheureux ami, donne à ton épousée
Qui dans son lit d'hymen va trouver un linceul
Le baiser nuptial, le dernier, et le seul!...

ORPHÉE.

C'en est fait ! Elle est morte ! Et de sa lèvre pâle,
Terre et cieux ! c'est la vie entière qui s'exhale !..
Son cœur est immobile et sa main sans chaleur !
Eurydice n'est plus ! Malheur à moi ! Malheur !...
Venez ! Accourez tous ! Secourez-la !... Personne!...
Mon appel s'est éteint dans le bois qui frissonne !
Ne fais-je pas un rêve épouvantable ?... Non !..
... Eurydice !... L'écho seul répète son nom !...
Dieux ! Quel mortel et noir silence !... Ses amies
Par delà ce vallon désert sont endormies !
Vers l'occident obscur Ermor s'en est allé !...
Dans l'horreur de mon mal je suis donc isolé !..
Je me sens fondre en pleurs et vibrer de colère !...
Ah! tu t'épanouis, lune implacable et claire !

Et tu viens tout à coup briller amèrement
Sur ces yeux éclipsés et sur ce corps charmant !
Et des calmes hauteurs de la voûte infinie
Tu viens, ô glaciale et poignante ironie !
Parler avec douceur d'un impossible amour
A celui dont le rêve est parti sans retour !

O désespoir ! La mort l'a faite encor plus belle !
Un prestige effrayant et pur flotte autour d'elle
Et l'éternel sommeil qui vient de la saisir
Ravive de mon cœur l'exaspérant désir !

Oh ! Je veux vous baiser encor, bouche pâlie,
Beaux yeux d'où me venait une douce folie
Et dont le feu sublime et calme s'est enfui,
Seins blancs comme le marbre et glacés comme lui !

N'êtes-vous pas assez puissantes, ô mes larmes !
Pour redonner le sang et la vie à ces charmes
Et pour rendre ce cœur, dans la nuit abîmé,

Au poëte éperdu qu'il avait tant aimé?

Mais non! mes vains sanglots tu ne peux les entendre,

Toi qui jusqu'à la mort as su rester si tendre !

Oui ! c'en est fait ! Je parle au Néant ! Et ta voix

Dans mon âme a chanté pour la dernière fois !

Soyez maudits, ô frais vallons, sombres ramures

Qui berciez notre hymen de vos trompeurs murmures,

Étoiles dont les yeux scintillent froidement

Dans l'odieuse paix de ce clair firmament,

Rochers silencieux, prés verts, sources limpides !

Soyez maudits là-haut, dieux cruels et stupides,

Abominables dieux aux cœurs sombres et sourds,

Tourmenteurs éternels des humaines amours !

Et moi dont l'espérance insensée a pu croire

A l'immobilité d'un bonheur illusoire,

Au brusque apaisement de tous les maux soufferts,

Maudit sois-je moi-même avec tout l'univers !

Il tombe évanoui près d'Eurydice.

RIDEAU.

ACTE DEUXIÈME

L'intérieur du temple d'Apollon à Delphes. La statue d'or du dieu, dans le fond.
A côté le Trépied de la Pythie au-dessus d'un trou noir. Les prêtres réunis
font leur prière. Parmi eux se reconnaît Orphée.

LE GRAND PRÊTRE.

O père bien-aimé des hommes et des choses,
Ennemi radieux de nos rêves moroses,
O Phœbus Apollon, dieu vivant, sois béni !
Sur les ailes du vent monte notre prière !
Accueille-la du haut de ton char de lumière
Dont l'aveuglant essor déchire l'infini !

Dieu du couchant vermeil et de la rose aurore,
O toi dont les regards si lointains font éclore
L'incarnat des rosiers et l'or pur des moissons,
Toi qui donnes au vin le meilleur de toi-même

Souverain que nul homme au monde ne blasphème.
Imperturbable roi de tous les horizons,

Éternelle gaîté des vallons et des cimes,
Quels parfums inconnus et purs, quelles victimes
Seront dignes jamais de ton sublime autel !
Foyer vibrant et beau, dieu jeune et vénérable,
O Phœbus, reste-nous à jamais favorable
Dans l'éblouissement de ton règne immortel !

Les prêtres s'inclinent et s'en vont lentement. Orphée reste en arrière et, quand ils ont disparu, se tourne vers le dieu.

ORPHÉE.

Dieu de la poésie et source de lumière,
Hélas ! c'est vainement que je t'ai supplié !
Ma vie en est restée à sa rancœur première!
Sous ta pure splendeur je n'ai rien oublié !

Venant ici, farouche, et rempli de démence,
Dieu clair et rayonnant, j'ai cru sécher mes yeux !

J'ai follement pensé que ma douleur immense
Expirerait bientôt en chants religieux !

Mais rien n'a disparu de mon mal ! Quand mes lèvres
Veulent s'unir aux voix de tes adorateurs,
Je reste dévoré des anciennes fièvres
Et je me sens mentir ainsi que les acteurs !

Phœbus, être muet, imposante statue
Où revit dans l'or pur la splendeur de l'été,
Divinité d'un calme étrange revêtue,
Je suis venu vers toi, puis de toi j'ai douté !

On peut chanter l'éclat que tu donnes aux roses
Et tes ardents bienfaits versés sur l'univers,
On peut, ô souverain brûlant, dieu des beaux vers,
T'admirer sans repos dans tes apothéoses !

Mais moi, qu'ai-je à te dire en ce cruel moment ?
Que je pense sans trêve à la vierge perdue !

3

Tu n'as rien fait pour moi du haut du firmament !
Nul ne m'a consolé, nul ne me l'a rendue !

Aussi bien, n'es-tu pas une chose sans âme,
Soleil éblouissant que j'importune en vain !
O père inconscient des moissons et du vin,
Ne suis-je pas un fou si j'adore ta flamme !

Si tu n'as pas pitié de mon âpre langueur
Et si tu ne peux rien pour sauver un poète,
Pourquoi courber encor stupidement la tête
Devant toi, dieu sans voix, sans regard et sans cœur ?...

Il sort.

Le grand prêtre entre avec son second, Choès.

LE GRAND PRÊTRE.

Regardant Orphée sortir.

Ce prêtre est singulier et m'inquiète !

CHOÈS.

Il rêve !

LE GRAND PRÊTRE.

Le rêve est dangereux dans un temple, et soulève
Des pensers qui parfois ne restent plus divins !
Hier, sur un rocher, auprès de nos ravins,
Il était seul, assis au bord de noirs abîmes,
Immobile, les yeux tout grands ouverts ! — Quels crimes,
Quels noirs événements nous cache son passé ?
Quelquefois son regard pénétrant est fixé
Sur le dieu, sur l'autel fumant, sur la Pythie,
Puis sa tête soudain retombe, appesantie :
Il semble interroger alors son être entier :
Après l'abattement il redevient altier,
Et tout en lui trahit l'intelligence impie
Qui cherche à nous voler nos secrets, nous épie,
Nous menace peut-être, et se promet tout bas
De renverser les dieux dont elle ne veut pas !

CHOÈS.

Je le crois beaucoup moins méchant. C'est un poète
Dont un malin démon aiguillonne la tête,
Il trouve naturels ses bizarres pensers
Et croit fous, à son tour, les gens un peu sensés!
C'est un être incomplet et malade, et je doute
De l'effrayant péril que votre foi redoute.

LE GRAND PRÊTRE.

Ton calme dédaigneux ne m'en dit pas assez!
Un poète a-t-il bien de si pauvres pensers?
A travers les hasards d'une existence errante
Palpite sans repos son âme incohérente,
Mais, tout en voyant mal, il voit souvent trop loin!
Apollon se pourrait passer d'un tel témoin,
Et, malgré la chaleur de ma piété vraie,
Cet homme à l'œil perçant et ténébreux m'effraie!

CHOÈS.

C'est vous seul qui rêvez en tout ceci.

LE GRAND PRÊTRE

                              Fort bien.

Attendons sagement et ne révélons rien :

Les lendemains diront si ma crainte est un leurre,

Du reste on va venir pour l'oracle : c'est l'heure.

La Pythie, jeune et belle, vêtue d'une légère gaze noire, arrive par le fond, haletante déjà, entourée des prêtres, auxquels se joignent Choès et leur grand prêtre.

Elle monte sur le trépied et des brouillards violacés, vaguement lumineux, sortent du gouffre sur lequel il est placé. Au même moment se présente par la gauche un groupe de paysans qui viennent consulter l'oracle. Ils s'arrêtent avec respect et attendent.

                    LE GRAND PRÊTRE à la Pythie.

Comme le clair soleil quand l'hiver va finir

      Chasse les brumes de la terre,

            Étreins le fugace mystère,

            De l'insaisissable avenir !

Femme, où l'esprit d'en haut pour un moment habite,

            Et dont l'œil brûle d'un beau feu,

Cambre-toi! que ton sein palpite
Et se gonfle au souffle du dieu!

Souterraines vapeurs au pouvoir invincible
Jetez son vouloir exalté
Hors des limites du possible
Vers la lointaine vérité!

Environnez son corps, puissances inconnues,
Grandes âmes des éléments!
Livrez ses formes demi-nues
A de fiévreux tressaillements!

Et maintenant, c'est bien! Parle-nous, ô Pythie!
Par ton râle et par tes frissons
Je sais que te voilà partie
Au delà de nos horizons!

Que la voix des destins dans la tienne résonne!
Va! parcours dans un libre essor

Ces temps que, hormis toi, personne
N'a pu nous dévoiler encor !

LA PYTHIE, aux paysans.

Vous qui venez ici, que voulez-vous ?

UN PAYSAN en avant du groupe qui s'est agenouillé aux paroles de la Pythie.

                          Nous sommes
Des laboureurs chassés de Crissa, pauvres hommes
Que les soldats du roi Barkal ont ruinés !
Au moment du malheur par tous abandonnés,
Nous voici le cœur gros et plein de confiance
Saintement prosternés au pied de ta science !
Nous t'avons apporté ce qui nous reste d'or
De grand paniers remplis d'olives, puis encor
Du miel frais et doré, des farines très blanches,
Et nos plus beaux raisins conservés sur leurs branches ;
Parle ; devons-nous fuir le pays des aïeux
Ou, poussés par l'espoir d'être victorieux,

Reprendre justement, par la force, la terre
Qu'a léguée à nos bras le droit héréditaire?

LA PYTHIE.

Armez-vous, attendez la nuit, et vous irez
Vous réunir auprès de Crissa, dans les prés,
Vers l'heure bleue et calme où l'azur se constelle!
Aux cœurs impétueux la Justice est fidèle!
Seuls dans l'ombre, marchez droit à vos ennemis
Au fond de vos maisons lourdement endormis!
A des spectres pareils, envahissez les rues,
Armés de pieux aigus et de socs de charrues;
Avec un air très calme et terrible, songez
A l'avenir fécond, à vos aïeux vengés,
Et reprenez la ville à vos travaux ravie!
Le mépris de la mort vous conduit à la vie!

LE PAYSAN.

Par notre rude voix, par nos cœurs paysans,
Par nos femmes et par nos fils, par les absents,

Sois grandement louée, ô divine prêtresse !

Nous qui venons à toi du fond de la détresse,

Nous ne t'oublierons pas lorsque des jours meilleurs

Rendront leur libre vie aux calmes travailleurs !

Adieu donc ! Ta parole âprement attendue

Comme un vin généreux en nous est descendue !

Ils s'en vont. La Pythie descend de son trépied.

LE GRAND PRÊTRE.

Serviteurs d'Apollon, la Pythie a parlé,

L'avenir est connu, le dieu s'est envolé.

Il vient de s'incarner, pour une fois encore,

Dans la femme au cœur pur que notre Hellade honore,

Il se rendra sans trève à notre saint appel,

Et nos monts aux rocs noirs, et le clair Archipel,

Et le Péloponèse, et la Thrace, et les villes

Blanches sur la mer bleue au milieu de leurs îles,

Viendront se prosterner sans fin sur ce pavé

Pour arracher son voile à l'avenir rêvé.

3.

Malheur donc à celui dont l'impure folie

Douterait de la force immense qui nous lie

A l'Esprit éternel des invisibles dieux !

Malheur à celui-là ! Malheur ! Et que ses yeux

Soient fermés pour toujours par la juste colère

Du soleil implacable et pur qui nous éclaire !

Tous se disposent à quitter le temple.

LA PYTHIE appuyée au socle d'une colonne.

Pour y rêver encor, laissez-moi seule ici !

Sur ce marbre glacé j'aime à rester ainsi,

L'esprit calme et noyé dans le vague, et brisée

Par les vertigineux efforts de ma pensée.

LE GRAND PRÊTRE.

Tel le nuage rose et gris d'où fuit le jour,

Tel le luth frissonnant où meurt un chant d'amour,

Telle la sombre mer par les vents flagellée

Et par un temps plus doux au repos rappelée,

Telle aussi la prêtresse au sein mystérieux
D'où s'exhale le rêve imposé par les dieux !

Ils sortent.

CHOÈS resté en arriere et regardant la Pythie accablée.

Le conseil de combattre est une noble chose ;
Mais sur le résultat réel sa bouche est close.

Regardant la porte par où les paysans sont sortis.

Pauvres gens ! ils s'en vont, confiants dans le ciel !
Des mots ! des mots ! Voilà pour eux l'essentiel !

A la Pythie dont il se rapproche.

Femme ! j'ai bien pitié de toi !

LA PYTHIE.

Que veux-tu dire ?

CHOÈS.

Je plains ta vie ardente et ton ardent martyre

Oui, femme ! je gémis sourdement de te voir
Prier par habitude et souffrir par devoir.
Loin de la mer, et loin des bois, loin de la foule,
Ta jeunesse sans but lugubrement s'écoule :
Ta bouche n'a rien dit, mais ton œil m'a parlé.
Ton muet désespoir veut être consolé.
Un dégoût infini t'est venu des breuvages
Qui te jettent, tremblante, en des transports sauvages,
Et de ce douloureux et long enivrement
Où ta pénible voix parle confusément
Des choses à venir que nul ne peut connaître !
Oui, certe, une bonté sans bornes me pénètre
Quand je vois tes vingt ans en pleine floraison
Se mourir lentement dans ce morne horizon !

LA PYTHIE.

Est-ce un prêtre qui parle ainsi ?

CHOÈS.

Non, c'est un homme

Qui, méprisant le nom dont ici l'on te nomme,
Ne veut plus voir en toi qu'une épouse à choisir
Et qu'un cœur solitaire oú pleure le désir !

LA PYTHIE.

Ami que j'ignorais, comment as-tu pu lire
A travers mes instants de trouble et de délire,
A travers mon silence et mon abattement,
Mes rêves inconnus et mon secret tourment?

CHOÈS.

Comment? c'est que les maux qui dévorent ta vie
Et font se consumer ton âme inassouvie,
Je les connais par moi depuis des jours nombreux.
Les cœurs privés d'amour se devinent entre eux !
L'éternelle nature a rapproché nos âges !
Crois-moi, nous n'avons rien de ce qui fait les sages,
Si l'on peut toutefois appeler sages ceux
Qui vivent dans ces murs, tristes ou paresseux,
Contemplateurs naïfs aux croyances dociles

Ou dupeurs souriants de peuples imbéciles
Qui se viennent offrir, l'hiver comme l'été,
Au piège captivant de la divinité !

Orphée apparaît derrière une colonne à ces derniers mots : il reste
muet et invisible.

LA PYTHIE.

Tu blasphèmes !

CHOÈS.

Eh ! oui ! Je le sais bien, qu'importe ?
Vas-tu pas étouffer la rage qui m'emporte,
Toi dont les longs regards, singuliers et distraits,
M'ont trahi doucement les langoureux secrets,
Toi que vers l'hyménée et vers la vie appelle
Ton âme emprisonnée, aussi triste que belle,
Toi dont les jeunes sens veulent être apaisés
Dans un lit nuptial plein de libres baisers !
Si je me suis trompé, parle !

LA PYTHIE.

Parle toi-même !
Parle encore et toujours ! oui, parle ! car je t'aime,
Car je veux fuir d'ici, pour jamais, dans tes bras,
Vers les flots, vers les bois en fleurs, où tu voudras !
Car en te rapprochant de moi, le sort m'envoie
La nature en révolte et la jeunesse en joie !

Apercevant Orphée.

Quelqu'un nous écoutait et c'en est fait de nous !

ORPHÉE.

Non ! non ! ne tremblez pas, ô chaleureux époux,
Et ne redoutez rien d'un poète qui pleure !
Partez vers une vie inconnue et meilleure !
La nuit tombe, l'instant est propice ! Fuyez,
Par le chemin des rocs, vers les prochains halliers !
Souvenez-vous parfois du lamentable Orphée
Dont la tremblante voix, par les pleurs étouffée,

Vous dit avec envie un adieu déchirant !

Partez ! Pour les amants heureux le monde est grand,

Partez ! ne dites plus une seule parole !

Mon désir douloureux à vos côtés s'envole

Et je salue en vous les délirants baisers

Qui sont à mon amour pour jamais refusés !

Partez !

CHOÈS ET LA PYTHIE.

Adieu !

Ils disparaissent.

ORPHÉE.

Plus rien ! leur pied furtif s'élance

Vers les bonheurs rêvés à travers le silence !

Oh ! leur parole en feu sous ces sombres piliers

En moi ravive encor les maux inoubliés,

Et vient, comme une amère et chaude raillerie,

Irriter ma blessure en mon âme qui crie !

Prier? Je ne puis pas. Et qui prier ici?

Je suis plus que jamais seul avec mon souci.

A qui croire à présent quand de mornes blasphèmes

Sont prononcés ici par les prêtres eux-mêmes,

Et quand ces dieux, d'un peuple immense respectés,

Par les hommes, hélas! me semblent inventés!

O calme désolant du temple! ô solitude!

Et pourtant, ô statue à la noble attitude

Dont l'or plus assombri luit à mon œil troublé

Comme un soleil couchant par les brouillards voilé,

Te voilà belle et douce en ta nocturne gloire!

N'es-tu donc rien qu'un froid métal! Et comment croire,

A cette heure imposante, en ce calme divin,

Que tu n'es qu'un fantôme éblouissant et vain?

Moi qui cherchais l'oubli profond de route en route,

Hélas! qu'ai-je trouvé? L'amertume et le doute,

Et des tourments nouveaux qui s'ajoutent au mien!

C'est l'heure du sommeil! Oui, c'est l'heure! Mais rien

Ne peut de mon esprit apaiser la tempête!

On marche ! quelle est donc cette forme inquiète
Qui se glisse là-bas, une lampe à la main ?
De l'obscur sanctuaire elle prend le chemin.
Non. Elle vient vers moi. C'est un prêtre sans doute.
Il s'arrête, anxieux et muet, il écoute !
Que veut-il ? M'ordonner de dormir ? L'insensé !...
Viens, homme sans amour ! Viens, pauvre esprit glacé
Ame où nulle douleur sublime ne soupire !
Parle ! Je sais déjà ce que tu veux me dire !

L'INCONNU s'approchant d'Orphée.

Silence !

ORPHÉE.

Que veux-tu ?

L'INCONNU.

Dis ton nom seulement,
Ton vrai nom !

ORPHÉE.

Est-ce un pur et noble sentiment,
Prêtre, qui tout à coup te pousse à me connaître?
Serais-tu quelque ami compatissant?

L'INCONNU.

Peut-être;

Dis-moi ton nom.

ORPHÉE.

Orphée!

L'INCONNU.

Et moi je suis Ermor!

ORPHÉE.

Ermor!

ERMOR.

Oui, c'est Ermor lui-même!

ORPHÉE.

Ah! dis encor
Que tu n'es pas un spectre, un fantôme illusoire,
Un simulacre errant, éclos dans la nuit noire!

ERMOR.

Embrassons-nous, c'est toi que je cherchais ici!

ORPHÉE.

Ah! je suis d'un tel coup si rudement saisi
Que ma parole en flamme à mes lèvres expire,
Et que sur tous mes sens j'ai perdu mon empire!
Et puis, c'est le passé qui dans toi m'apparaît,
Les chansons de l'hymen, le bord de la forêt,
Ta subite fureur par les liens enchaînée,
Ta main serrant la mienne, et ton amitié, née
Auprès de la douceur de mon amour naissant!
Tout cela fait bondir mon être frémissant!
Je maudis si souvent la loi par qui j'existe!
Avant que d'être vieux, je fus déjà si triste!

Ah ! sur ces froids parvis, dans ce monde imposteur,
Tu surgis devant moi comme un consolateur !

ERMOR.

Je sais ta vie en pleurs et ta joie éclipsée ;
Mais connais à ton tour mon intime pensée :
J'ai la robe du prêtre et ne crois pas aux dieux !
Mon regard obstiné t'appelait en tous lieux,
Depuis ce jour étrange où ta voix solennelle
M'a révélé soudain la Justice éternelle !
Par notre roi Barkal et les siens condamné,
J'ai fui tout un royaume à ma suite acharné !
Errant pendant la nuit et caché dès l'aurore
De ma proscription immense je m'honore,
Mais au milieu des rocs de ce morne vallon
J'ai dû chercher asile au temple d'Apollon,
Parmi tous ces rêveurs à parole céleste
Que ma raison réprouve et que mon cœur déteste !
Pour toi, je ne veux plus que tu restes ici,
Et ce temple abhorré, par ta douleur choisi,

Il faut l'abandonner dans l'ombre, ce soir même !
En tes accents plus d'un met son espoir suprême,
Et ton cœur, par l'amour follement tourmenté,
Se doit à l'Art Divin comme à l'Humanité !

ORPHÉE.

Dieux ! Que viens-tu me dire ! Et dans quelle folie
Ta parole sauvage et blessante s'oublie !
Cet amour que tu veux brutalement.flétrir,
Apprends donc que j'en meurs et que j'en veux mourir,
Qu'Eurydice expirée est présente à toute heure
En ce cerveau qui rêve, en cette âme qui pleure,
Et que tout l'univers conjuré ne peut rien
Contre ce désespoir qui reste mon seul bien !

ERMOR.

Qui donc tient ce langage effrayant ? Est-ce Orphée,
Lui par qui ma jeunesse autrefois échauffée
Se créait, au-dessus des terrestres amours,
Un monde où la Justice avait un libre cours ?

ORPHÉE.

Oui, c'est le même Orphée, Ermor, oui, c'est lui-même,
Un Orphée expirant, dont l'unique poème
Est un grand souvenir, brûlant comme du feu !

ERMOR.

La femme qui t'a dit l'irrémissible adieu
Tu l'aimais comme un fou, mais l'as-tu bien connue ?
Ami, je crains pour toi ta pensée ingénue
Qui va transfigurant toute chose ici-bas
Et prête une belle âme à ceux qui n'en ont pas !
Non point que je t'en fasse un crime, et que je blâme
La chaleur obstinée et pure de ta flamme,
Mais celle qui n'est plus, tu l'aimes d'autant mieux
Ami, que tu l'as vue, hélas ! avec les yeux
D'un amant désireux de posséder l'amante !
Oui, c'est par là surtout que ta douleur s'augmente :
Ce qui grandit pour elle encor ta passion,
C'est de l'avoir perdue en pleine illusion !

ORPHÉE.

Tais-toi, ne touche pas à la morte adorée !
Je sais les visions que mon esprit se crée,
Je sais ce que ce monde a de fallacieux,
Le frisson passager que causent de beaux yeux,
Tous les purs sentiments que nous prêtons aux autres
Et qui souvent, hélas ! ne sont rien que les nôtres !
Je sais les désespoirs profonds et palpitants
Étouffés sans effort par le baume du temps,
Je sais que rien d'amer ou de joyeux ne dure
Dans les jeux ondoyants de l'immense nature !
Mais de ce mal constant l'inextinguible ardeur
Me ronge en mon intime et morne profondeur,
Ermor, car j'ai perdu dans cette simple femme,
Le meilleur de moi-même et la fleur de mon âme !

ERMOR.

O poëte !

ORPHÉE.

Oui, poète ! Eh bien ! oui ! quel dédain
Pour ce sublime nom vient t'envahir soudain ?
Aurais-je donc aimé, si je n'étais poète,
La candeur idéale et la beauté parfaite ?
Écoute-moi. J'ignore encor s'il est des dieux
Pareils à ceux qu'un prêtre ose offrir à nos yeux,
Et je me troublerai s'il faut que je réponde
Sur la fin des mortels et les causes du monde,
Mais il reste pour moi déplorablement sûr
Et clair comme l'été flamboyant dans l'azur
Que parmi nous il est des âmes réunies
Par un essaim commun d'étranges harmonies,
Des esprits fraternels l'un vers l'autre poussés
Par de pareils désirs et de mêmes pensers,
Et si, pour leur malheur, une force barbare
Dans une crise amère et brusque les sépare,
Rien ne peut consoler qui se crut le plus fort
Et la perte de l'un donne à l'autre la mort !

ERMOR.

Insensé !

ORPHÉE.

C'en est trop. Tais-toi, car la colère
Parle déjà trop haut dans mes yeux qu'elle éclaire ;
Garde pour de moins grands ton indigne pitié,
Ne force point l'amour à frapper l'amitié !

ERMOR.

Je te verrai dès l'aube, et ne peux rien prétendre
Contre ton désespoir si cruellement tendre ;
Ami, tu me parais en proie à des tourments
Qui n'ont rien de pareil aux douleurs des amants !
Ah ! peut-être qu'ici quelqu'un de toi se venge
Par un poison subtil et par un philtre étrange !
Adieu ! Puisse un sommeil généreux et puissant
Ralentir ta pensée et refroidir ton sang !

Il sort.

ORPHÉE.

Serai-je toujours seul, hélas! à me comprendre!
Et ce sublime hymen que nul ne peut me rendre,
Va donc être raillé sans repos!
                              O misère
De rester en amour si doucement sincère!
Faut-il que mon chagrin, souffert si simplement,
Chez un ami me crée un tel ressentiment!
Et pourtant ma raison est saine! Ma pensée
Suit son cours naturel, bien que morne et blessée;
Je lis très clairement en moi-même. Je vois
Mes désespoirs issus des baisers d'autrefois,
Et je pressens, avec une âpre certitude,
L'horreur d'un avenir où tout est solitude!
L'humanité m'attend! Que veut-elle de moi?
Pour ses futurs bonheurs que peut mon morne émoi?
Je suis trop désolé pour devenir l'apôtre
Des beaux désirs éclos dans les douleurs d'un autre,
En mon esprit habite un monde plus réel
Que les peuples souffrants dispersés sous le ciel!

ERMOR, *rentrant brusquement.*

Écoute, je passais auprès de la retraite
Où la réunion des prêtres est secrète ;
Sache qu'on veut ta mort. A peine soupçonné
Par le sombre conseil te voilà condamné ;
Ne tremble pas, Orphée, il faut partir.

ORPHÉE, *très calme.*

Qu'importe ?

ERMOR.

Va-t-en par l'escalier de granit, par la porte
De bronze, ouverte encor sur le bois de lauriers.
Debout ! Debout !

ORPHÉE.

J'attends en paix mes meurtriers !

ERMOR.

Quoi ! tu voudrais mourir, égorgé par des prêtres !

ORPHÉE.

Ils ne sont plus pour moi des méchants, mais des êtres
Qui vont mettre à néant mon lugubre avenir
Et me délivreront en croyant me punir.

ERMOR.

Un homme tel que toi, désespérant poète,
Ne doit point expirer ainsi, comme la bête
Tuée, aux pieds des dieux, sur l'autel. Va-t-en ! fuis !
Va ! cours périr tout seul au sein des sombres nuits !
Du haut d'un cap sauvage ou de désertes cimes
Plonge-toi dans la mer ou dans les froids abîmes !
Mais va-t-en !! Je te chasse ! Écoute ton ami
Pour qui ta noble voix autrefois a frémi.
Les prêtres vont venir. Ils viennent ! Le temps presse !
Vois mes tremblantes mains, ma fièvre, ma détresse,
Pars ! accorde à ton frère au cœur morne et brisé
Ce départ que tu t'es follement refusé !

4.

ORPHÉE, se levant.

Adieu !

ERMOR.

Pars ! Moi je reste et pour plus d'une aurore !
Le proscrit détesté doit se cacher encore !
Mais pour le premier jour des prochaines moissons
Je veux te retrouver calme et plein de chansons,
Sur les bords du Pleistos, près des vertes cascades
Où de grands chênes verts reflètent leurs arcades !
Je serai là, tout près des ondes, te cherchant,
Quand les cieux rougiront sur le soleil couchant.

Orphée disparaît; presque au même moment le grand prêtre arrive
avec son cortège et des flambeaux.

LE GRAND PRÊTRE à Ermor.

Que fais-tu seul, ici ?

ERMOR.

Je priais.

LE GRAND PRÊTRE.

La prière
N'est point pendant la nuit l'action coutumière.

ERMOR.

C'est par ordre du dieu que je me suis levé.

LE GRAND PRÊTRE.

Tu l'as vu ?

ERMOR.

Devant moi.

LE GRAND PRÊTRE.

Quand donc ?

ERMOR.

J'en ai rêvé.

LE GRAND PRÊTRE.

Je ne connaissais pas encore ton visage.

ERMOR.

Je vins tout récemment envoyé par un sage
Qui sur le mont Cirphis vit en libre pasteur.
Me voici maintenant le doux adorateur
Des dieux et des secrets formidables du temple.

UN PRÊTRE.

Il dit très vrai. Novice, il a donné l'exemple
Du silence pieux et du zèle discret.

LE GRAND PRÊTRE.

Ici n'as-tu pas vu celui qu'il nous faudrait ?

ERMOR.

Qui donc ?

LE GRAND PRÊTRE.

Un homme étrange et misérable, un prêtre.
Qu'on croyait un rêveur et qui n'était qu'un traître.

ERMOR.

On le nommait?

LE GRAND PRÊTRE.

Orphée. Il est cause, c'est sûr,
D'un grave événement, en apparence obscur !
Aux coupables amours brusquement convertie,
La Pythie avec l'un des nôtres est partie,
Et, dans ce sacrilège effrayant et charnel,
Je suis certain qu'Orphée est le plus criminel.

ERMOR, désignant le côté opposé à celui par lequel Orphée est parti.

Je ne le connais point. Mais j'ai vu, tout à l'heure,
Sortir de notre sainte et paisible demeure

Par la porte de fer donnant sur la cité
Un ombre pâle et triste à l'aspect agité.

LE GRAND PRÊTRE.

Il nous échappe. Allez! cherchez-le! Je redoute
Qu'il ait gagné déjà les forêts et la route!

Des prêtres se lancent à sa poursuite.

ERMOR, à part.

Il doit être assez loin déjà!

LE GRAND PRÊTRE.

Son crime est tel
Que nous l'égorgerons sur notre antique autel!

ERMOR, à part.

Une fois sur le fleuve, il est sauvé!

LE GRAND PRÊTRE.

                    Mes frères,
Les dieux ne peuvent pas nous demeurer contraires,
Et certe, accorderont à mon juste désir
Du supplice espéré le solennel plaisir !

Des prêtres, rentrant les uns après les autres.

1ᵉʳ PRÊTRE.

Personne !

2ᵉ PRÊTRE.

    On n'a rien vu !

3ᵉ PRÊTRE.

            Dans cette nuit profonde
On n'entend que les clairs bruissements de l'onde.
Les cieux sont noirs, la terre obscure.

4e PRÊTRE.

Dans les bois

Nous n'avons entendu que le son de nos voix!

5e PRÊTRE.

Les jardins sont déserts et muet leur ombrage.

6e PRÊTRE.

Il n'est pas dans le temple : aucun espoir!

LE GRAND PRÊTRE.

O rage !

C'en est fait ! Et ces dieux que l'on vient outrager
N'ont donc plus le souci de se vouloir venger !
Mais que m'importe, ô dieux ! je me dois à moi-même
D'offrir à votre oubli l'holocauste suprême !
Notre loi veut sa proie et, dans un tel moment,
C'est un autre qui doit subir le châtiment !

LES PRÊTRES.

Qui donc?

LE GRAND PRÊTRE.

Le plus nouveau des prêtres d'Apollon.

ERMOR.

Moi-même!

LE GRAND PRÊTRE.

Que tu sois généreux ou félon,
Tu mourras! Que l'acier resplendissant du glaive
Suivant le rit sacré sur sa gorge s'élève!
Frappez! Et donnez-nous la sainte volupté
De voir fumer son sang vers le ciel insulté!

ERMOR.

Que fais-tu donc alors, en ta sanglante ivresse,

5

De ce droit éternel qu'ici m'offre la Grèce,
Du droit d'asile?

LE GRAND PRÊTRE.

On doit en ce jour l'oublier!
Devant un sacrilège, il est mort tout entier!
Frappez!

Ermor est saisi.

ERMOR.

O beau rêveur, âme que j'ai servie,
Adieu! Puisse ma mort te conserver la vie!
Adieu, mes beaux espoirs! adieu, mes vœux trompés!
O rage de mourir plein de sève!

LE GRAND PRÊTRE.

Frappez!

Ermor expire.

LE GRAND PRÊTRE.

O Phœbus, par delà nos paisibles vallées,
Et les feux scintillants des plaines constellées,
Par delà l'horizon aux obscures hauteurs,
Accueille dans ton vaste et radieux domaine,
L'âme vibrante encor de la victime humaine
Que t'offrent fièrement tes humbles serviteurs !

Et, quand tu paraîtras sur les lointaines cimes,
Jette un moment tes yeux miroitants et sublimes
Vers le temple terrible où nous veillons pour toi !
Et, du haut de l'azur où ta gloire flamboie,
Comme un encens nouveau, considère avec joie
Le sang jeune et vermeil versé pour notre foi !

RIDEAU.

ACTE TROISIÈME

UN PAYSAN.

Le travail va finir : dès l'aurore naissante,

J'ai surveillé le champ fécond en beaux deniers,

Des esclaves, demain, la troupe obéissante

Rentrera lentement les gerbes aux greniers!

J'aime à voir dans les blés les formes inégales

Des moissonneurs, couchés ou debout tour à tour,

Et, bercé par la voix stridente des cigales,

A rêver de richesse et de choses d'amour !

Le soleil, moins ardent et plus large, décline,
Et baigne d'un or pur le tranquille horizon
Au-dessus des rocs plats de la grise colline ;
Dans l'air brûlant s'envole une odeur de moisson.

En toi tout est louable, ô bienfaisante terre,
Toi que n'épuisent pas les changeantes saisons,
Déesse dont le vaste et régulier mystère
Est éternellement fertile en floraisons !

Ah ! comme on est plus jeune et comme on se sent vivre
Par ces soirs radieux et calmes de l'été
Où l'aspect lumineux des choses nous enivre,
Où tout parle de joie et de fécondité !

Ah ! que de fois aussi, sous les étoiles même,
Malgré l'accablement et les rudes travaux,
La contemplation des campagnes que j'aime
A fait chanter en moi mille bonheurs nouveaux !

Terre, fidèle amie, ô mon bien, ô mon rêve,
Que tu sois verte vigne ou sol brun de labour,
Je trouve en ma jeunesse encor trop peu de sève
Pour t'aimer dignement d'un filial amour!

ORPHÉE, invisible.

Ermor! Ermor! Ermor!

LE PAYSAN.

Quel voyageur étrange!
En sueur, à la fois tout souillé par la fange
Et poudreux, il appelle, il cherche! Ses regards
Se dirigent ici, désolés et hagards!
Que me veut-t-il?

ORPHÉE, entrant.

Personne! et pourtant l'heure passe!
Le soleil empourpré s'enfonce dans l'espace!
Personne!

Apercevant le paysan.

Mon ami, sois salué!

LE PAYSAN.

Merci!
Malheureux étranger, je te salue aussi !

ORPHÉE.

Malheureux; tu dis vrai. Tel est mon nom.

LE PAYSAN.

Que puis-je
Pour adoucir ce mal inconnu qui t'afflige?

ORPHÉE.

Rien.

LE PAYSAN.

Soit, mais tu dois être, ami, très altéré,
Car sur nos chemins secs, sous notre ciel doré,
A marcher tout le jour on se fatigue vite.
Pourquoi donc demeurer muet? ton cœur palpite,

Ta main tremble, le sang à la tête est monté ;
Il ne faut pas ainsi jouer avec l'été.

ORPHÉE.

N'as-tu point vu passer encor sur ce rivage
Un homme grand et fort, d'allure un peu sauvage,
Et qui doit arriver de loin ?

LE PAYSAN.

     Non, mon ami ;
Mais tu sembles toujours m'écouter à demi ;
Je veux, entends-tu bien, qu'ici tu te reposes
Près de ce vieux figuier, sous ces frais lauriers-roses ;
Viens : déride ton front, viens. Je t'apporterai
Du vin de l'an dernier par moi-même rentré,
Du pain blanc cuit d'hier, des figues toutes fraîches,
Et, sous le velours rose et doré de mes pêches,
Ta lèvre va trouver un régal savoureux.
Tes pieds sont tout meurtris, ton visage est poudreux :
Oui, plus je te regarde et plus tu me fais peine,

          5.

Et, dans cette contrée où l'âme est si sereine,
Tu sembles incarner le désespoir errant.
Dans cette source bleue au cristal transparent
Tu pourras te baigner sous un mobile ombrage ;
Un repos en plein air rend parfois du courage !

ORPHÉE.

Alors, tu n'as pas vu cet homme ?

LE PAYSAN.

　　　　　　　　　　L'obstiné !
A ma place plus d'un l'aurait abandonné.
Mais devant son œil morne et sa lugubre mine
Une tendre pitié m'étreint et me domine.

Il entre dans la maison.

ORPHÉE, seul.

Le soir, un bien beau soir, plein des tièdes odeurs
Que du soleil pesant provoquent les ardeurs !

Un grand souffle d'espoir dans l'air calme circule,
Et bientôt la lueur d'ambre du crépuscule
Va jeter sur les bois, les fleuves et les champs
Cette divine paix qui suit les beaux couchants !
Ermor ! Il ne vient pas !...
                    A ma plainte éperdue
Répond au loin la voix, faiblement entendue,
Des moissonneurs chantants qui rentrent au logis ;
Les cieux par le soleil expirant sont rougis :
Ermor ! ! Malgré ma route et mes jambes brisées
Je n'ai jamais subi d'aussi tristes pensées !

LE PAYSAN rentrant avec des provisions.

Mon hôte, tout est prêt !

ORPHÉE.

Nous sommes bien ainsi.

LE PAYSAN.

Près de toi, sur ce banc, je viens m'asseoir. Voici

Pour ranimer ton corps et te rendre la joie !
Maintenant conte-moi le chagrin qui t'envoie
Vers un peuple inconnu, si loin de ton pays.
Dis-moi tes vœux déçus et tes espoirs trahis;
Je suis un homme rude et de simple nature,
Mais qui sait rester bon pour toute créature.
Pourquoi me regarder ainsi? Je veux savoir;
Tel est mon grand désir et tel est ton devoir !

ORPHÉE.

Tu ne comprendrais pas ma souffrance.

LE PAYSAN.

Peut-être !
Je suis un ignorant, c'est vrai, mais je pénètre
Dans les choses du cœur assez profondément.

ORPHÉE.

Pourquoi te confier mon éternel tourment?
Tes consolations seraient paroles vaines,

Et ce mal effrayant qui me court dans les veines
Ne s'en ira de moi qu'avec mon dernier jour.

LE PAYSAN.

Tu pleures un ami.

ORPHÉE.

Non ! je pleure l'amour !

LE PAYSAN.

Une absente ?

ORPHÉE.

Une morte !

LE PAYSAN.

Infortuné !

ORPHÉE.

Toi-même,

N'as-tu jamais chéri désespérément ?

LE PAYSAN.

J'aime,

Mais d'une façon douce et rustique, attendant
Avec un désir pur et sage, point ardent,
La fille au teint bruni qui doit m'être amenée
Pour le joyeux matin de mon riche hyménée.
Je la connais beaucoup, et je la vois un peu,
En été, dans les champs, l'hiver, au coin du feu,
Dans les groupes assis sous la lampe allumée !
Ma bouche, avec bonheur, la nomme bien-aimée,
Mais, vois-tu, ce que j'aime avant tout, c'est mon sol !
C'est là que mon esprit dégagé prend son vol !
Oui, je l'aime d'amour, cette terre bénie,
Et ma forte jeunesse à la sienne est unie
Par ma fidélité de rude campagnard.

ORPHÉE.

Il aime mieux son sol que je n'aime mon art !

Ah ! Depuis qu'Eurydice à mes yeux fut ravie,
C'est la stérilité qui dévore ma vie !

LE PAYSAN.

Toujours ces mêmes yeux troublés de pleurs ! Toujours
Cette douleur qui suit obstinément son cours !
Allons ! fais comme moi ! Dans ces coupes de terre
Buvons allégrement, le vin est salutaire
Contre la lassitude et tous les vieux ennuis !
Je bois aux jours meilleurs, au calme de tes nuits,
Au radieux oubli de toutes tes chimères,
Aux grands travaux qui font les soucis éphémères,
A ta jeune gaîté dont je veux le retour,
A la nature enfin, meilleure que l'amour !

ORPHÉE.

Moi, je ne bois à rien ! Mon âme ténébreuse
Comme un lit de torrent de plus en plus se creuse !
En moi tout reste noir, tout, et ce vin puissant

Qui devrait m'échauffer ainsi qu'un nouveau sang
A glissé froidement sur ma mélancolie
Comme sur le granit éternel l'eau de pluie !

LE PAYSAN.

Buvons encor !

ORPHÉE.

Buvons, si tu veux !

LE PAYSAN.

                              Du meilleur,
De celui qui rendrait turbulent et rieur
Le plus morne et le plus barbu des dieux comme Neptune !
Noyons éperdument la méchante fortune !
Ami ! Regarde-moi ; suis-je un franc compagnon ?
Quand ma gaîté dit oui, ta tristesse dit non !
Qu'importe ? On s'entendra malgré tout, mon bon hôte,
Et tu ne seras point malheureux par ma faute !
Et même, si cela te souriait un peu,
A tes pesants soucis disant un juste adieu,

Décharge sur moi seul ta colère, en paroles ;
Ou, d'un air sérieux, dis-moi des choses folles !
Allons ! ne reste pas silencieux !... Tu bois !..
Mon vin te fait plaisir, mais tu gardes ta voix !
Parle donc ! Est-ce un lit qu'il faudrait pour te plaire ?
Ah ! ta sérénité fait bouillir ma colère,
Et je t'estimerai très digne de ton sort
Si tu restes toujours aussi gai que la Mort.

ORPHÉE.

Ami, si je vidais les trésors de ta cave
Je resterais toujours aussi tristement grave ;
Oui, ne t'étonne point, car les vins les plus vieux,
Éclos au meilleur sol et sous les meilleurs cieux,
Ne pourront m'arracher à ma sinistre angoisse !
Il se peut que mon calme inattendu te froisse,
Mais, bien que ton accueil ardent me reste cher,
Contre tout, malgré moi, ma douleur est de fer !

LE PAYSAN, buvant toujours.

Le premier jour, on parle ainsi ; je veux le croire.

Mais quand vient le second, l'âme n'est plus si noire,

Le troisième, on commence à chantonner un peu,

Le quatrième, on rit, le cinquième, on est dieu !

Ah ! tel que je suis là, je connais bien des choses,

Et je veux te plonger dans des apothéoses

Où tu te verras beau, superbe et consolé,

Où ton mal ne sera qu'un nuage envolé,

Où, dans ta merveilleuse et royale démence,

Tu prendras l'univers pour une noce immense !

ORPHÉE.

Puis après ? Il faudrait retomber dans la nuit,

Plus effroyable encore après tout ce vain bruit,

Voir grandir devant soi sa morne solitude,

Des tourments effacés reprendre l'habitude

Et mêler, à l'amour soudain ressuscité,

Le dégoût de moi-même et la stupidité !

LE PAYSAN, ivre.

Après ? Il n'y a pas d'après ! La vie est rose.

Mourir, c'est le seul point qui me rende morose ;

Mais sait-on si l'on meurt? Qui nous le dit? En somme

A-t-on sur ce sujet pu consulter un homme

Quand il n'est plus ! C'est vrai. Qu'en disent les savants?

Leurs discours sur ce point sont paroles aux vents,

Oui, rien de plus ! La Mort est une farce triste

Que les dieux, pour railler, font à l'homme égoïste !

Nous sommes immortels, mon cher, comme l'azur !

Quand on y réfléchit un peu, rien n'est plus sûr !...

Allons dormir !... Je suis très lourd, ma base tremble !

Et, ma foi ! comme aspect gracieux, je ressemble

A mes sacs de farine alignés au grenier !

Aide-moi !

Il boit encore.

Ce coup-ci, ce sera le dernier !

Ronfles-tu quelquefois? Moi, souvent. Mais qu'importe ?

La muraille entre nous est encore assez forte !
Et je ferai si peu de bruit que tu croiras
Entendre au loin le vent des nuits siffler tout-bas.

ORPHÉE.

Ne t'inquiète pas ! Je vais dormir par terre !

LE PAYSAN.

Où donc ?

ORPHÉE.

Dehors !

LE PAYSAN.

Dehors ! pauvre âme solitaire !
Tu refuses mon toit, mais donne-moi ta main.

ORPHÉE.

Volontiers.

LE PAYSAN.

Et surtout, réveille-moi demain !

Il rentre.

ORPHÉE.

Bonsoir, jeune homme heureux ! Bonsoir, âme vivante
Que rien dans l'univers n'étonne et n'épouvante,
Cœur simple et familier, esprit trop bien portant
Qui ne sait rien du rêve et que la joie attend !

Tout repose : les bois solennels et les plaines
Que sillonne le vol velouté des phalènes !
La terre chaude encor laisse monter dans l'air
Des effluves légers qui caressent la chair !
Nul bruit que les sanglots des sources sur les pierres ;
Fermez-vous lentement, ô mes pauvres paupières !
Lassitude, envahis mes membres ! Nuit d'été,
Entoure ma douleur de ta sérénité,

Berce comme un enfant le poète fidèle,

Dans un songe, du moins, ramène-le vers celle

Dont l'éloigne à jamais l'irréparable exil !

Ermor n'est pas venu !.... Le sommeil viendra-t-il?

Il s'endort.

LE RÊVE D'ORPHÉE

Un paysage dans les montagnes de Grèce. Un bois de pins à gauche
du 1er plan. Au loin, à droite, des vallons gazonnés. Au-dessus, au fond,
des rochers. Les Ménades sont groupées à l'entrée du bois.

PREMIÈRE MÉNADE à Orphée.

Lève-toi ! le soleil a resplendi ! C'est l'heure

Où le corps est léger, où la vie est meilleure

Où, l'œil à moitié clos, on s'éveille en rêvant !

La saine odeur des pins vient embaumer le vent

Et, sur les mousses d'or, la divine rosée
Comme un manteau d'argent en perles s'est posée !

DEUXIÈME MÉNADE.

C'est toi que nous voulons délivrer et guérir !
Dans ton cœur désolé nous ferons refleurir
Tout ce que foule aux pieds ton auguste folie ?
Connais-tu bien, dis-moi, tout ce qu'Orphée oublie ?
Du beau nom de poète est-il bien digne encor ?
Vers quelle œuvre immortelle as-tu pris ton essor ?
Pareil au vain frelon, à la guêpe inféconde,
Tu frôles dans ton vol les splendeurs de ce monde ;
Depuis des jours nombreux, enfin, qu'as-tu chanté ?
N'est-il rien ici-bas qu'une seule Beauté ?
Tout le monde attendait tes hymnes, mais ta lyre
Ne dit qu'un monotone et fatigant délire,
Sur ta lèvre un seul nom voltige et tes accents
Trahissent des efforts désormais impuissants !
Oui, cet orgueil sacré qui donne aux grands poètes
Le prestige des rois planant sur leurs conquêtes,

Cet orgueil, par ta faute, expire lâchement
Dans la morne stupeur d'un facile tourment.

ORPHÉE.

Orphée est sans orgueil et méprise la vie.

DEUXIÈME MÉNADE.

Il n'est pas de mépris dans une âme asservie
Et ce dédain profond que vante ta fierté
N'est qu'un désespérant regret de liberté !

ORPHÉE.

Je suis libre ! Je peux vivre ou mourir !

DEUXIÈME MÉNADE.

Chimère !

Ta jeunesse à présent te semble trop amère !
Et, par un souvenir fallacieux dompté,
Tu n'es plus qu'un fantôme où meurt la volonté !

PREMIÈRE MÉNADE.

Poète ! C'est ici seulement qu'on est libre !

A nos âmes nos corps font un juste équilibre !

Nous sommes les désirs éternels ! Nous aimons

Sous la verdeur des bois, dans les grottes des monts ;

Après la longue paix des molles rêveries,

Nous nous roulons à nu sur des pentes fleuries

A nos lèvres le vin met d'étranges chansons !

Plus d'un s'enfuit, le soir, lorsque sur les gazons

Passe le tourbillon de nos danses sauvages !

Nous savons ignorer tous les honteux servages

Que se crée à loisir la folle humanité,

Et nous portons en nous le printemps et l'été !

Laisse périr ici tes douleurs anciennes !

Dans ce monde nouveau toutes nous serons tiennes,

Celles aux longs cheveux aussi noirs que la nuit,

Et dont la chair superbe ainsi qu'un bronze luit,

Les cœurs voluptueux et les âmes hautaines,

Celles dont les yeux bleus ont l'éclat des fontaines

Et qui traînent à flots une rousse toison
Semblable au soleil d'or qui meurt à l'horizon !
Après la sieste molle et l'ivresse des courses,
Nous irons nous plonger dans les miroirs des sources,
Et ruisselant encor d'eau fraîche, tu verras
Quelle âcre volupté l'on goûte dans nos bras,
Ami, quand il faudra que ton désir réponde
A nos corps tout glacés des purs baisers de l'onde,
A ces marbres vivants au suave contour
Qu'envahira bientôt la tiédeur de l'amour !
Chaque heure peut t'offrir une nouvelle épouse,
De la sœur préférée aucune n'est jalouse,
Et, pendant nos hymens joyeux et passagers,
Nous pourrons, si tu veux, par des concerts légers,
Ébauchés doucement derrière les ramées,
Embellir savamment les heures bien aimées,
Poète, et par des airs voluptueux et chauds
Ranimer ta tendresse ou charmer ton repos !

ORPHÉE.

Mon repos est bien mort, femmes, et ma tendresse
Vit par le souvenir d'une seule caresse!
Si vous le connaissiez, vous ne tenteriez pas
Ce pauvre corps, peu fait pour les puissants ébats,
Et, si vous m'avez pris pour une belle proie,
Je ne vaux certes pas un seul hymne de joie!

DEUXIÈME MÉNADE.

Malgré ton désespoir farouche et ton œil creux
Tu nous sembles pourtant un homme vigoureux;
Ta modestie est grande et sied à ton génie.
Notre grâce, par toi si durement honnie,
S'obstine à te poursuivre éperdument, et rien
Ne nous peut empêcher de te vouloir du bien!

ORPHÉE.

Que ferez-vous de moi, Ménades?

DEUXIÈME MÉNADE.

Notre chose !
Que ta tristesse en nous simplement se repose !
Attends ! L'attente est douce en ces lieux enchantés
Au milieu d'un essaim d'ondoyantes beautés !

ORPHÉE.

L'attente n'est pas douce à qui marche sans trève
Vers la femme lointaine où s'incarne son rêve,
Et certes, vous pourriez bientôt vous repentir
D'avoir, par fantaisie, empêché de partir
Un homme plein de nuit, d'horreur et de blasphèmes,
Et qui ferait passer sa folie en vous-mêmes !
Oui, vos pieds délicats, vos seins roses et blancs,
Vos cheveux sur vos cous par nappes ruisselants,
Vos yeux éblouissants et singuliers, vos bustes
Créés divinement pour des mâles robustes,
Votre sang amoureux et jeune, vos désirs
Qui pour de longs baisers se font de grands loisirs,

Tout doit bouleverser étrangement la tête
De celui qui n'aurait que l'âme d'un poète !
Mais que feriez-vous donc de moi, ce mort vivant
Pris en pitié parfois et raillé plus souvent?
Allez, je ne suis pas la volupté qui passe,
Pas plus qu'un malheureux qui demande sa grâce ;
C'est ma seule raison qui parle à vos beaux yeux !
Femmes, si maintenant vos bras capricieux
S'acharnent durement sur un homme inutile,
Égorgez-moi ! J'attends sans peur, je suis tranquille,
Je vous fais de moi-même un immense abandon.
Et peut-être qu'alors un besoin de pardon
Envahira soudain vos âmes apaisées
Et qu'après mon trépas comprenant mes pensées,
Un remords vous viendra pour avoir châtié
Un juste sans colère et digne de pitié !

PREMIÈRE MÉNADE.

Mes sœurs, décidément, les dieux ont des manies
Où percent trop souvent de vives ironies !

L'homme envoyé par eux est trop sombre pour nous
Et ne vaut certes pas qu'on se mette en courroux !

DEUXIÈME MÉNADE.

Qu'il s'en aille plus loin !

LES MÉNADES.

Oui, va-t'en !

PREMIÈRE MÉNADE.

Les Ménades
N'ont que faire des gens langoureux et malades,
Et certes, voyageur, nous plaignons grandement
La femme au cœur trop prompt qui te prit pour amant !
Allons, d'un bond léger rasant les hautes herbes,
Retrouver le poitrail des Centaures superbes,
Les Faunes curieux et subtils, les Sylvains
Qui poursuivent nos pas de forêts en ravins,
Et tous les êtres forts et beaux dont la nature

Développe la sève et la musculature !

L'impatience en nous palpite ! allons, mes sœurs,

Reprendre notre vie aux sauvages douceurs !

Courons vers les baisers joyeux ! Étions-nous folles

De prodiguer ainsi nos vibrantes paroles,

Et d'avoir, dans ces bois, un moment écouté

D'autres voix que l'amour et que la liberté !

Elles partent en tumulte.

ORPHÉE.

Je leur ai fait pitié : c'est bien. Était-ce lâche ?

Peut-être. Mais qu'importe à mon amour ? Ma tâche

Par la force, la ruse et l'art doit s'accomplir !

On dirait que le ciel commence de pâlir :

Il fait sombre... un air frais autour de moi circule

Dans la grise vapeur d'un subit crépuscule...

Où suis-je ?

Autour de lui tout le paysage a disparu. Il se trouve dans la
caverne éblouissante de Plutus.

PLUTUS.

Chez le dieu de l'argent et de l'or
Et que ta pauvreté ne connaît pas encor ;
Écoute ! c'est ici la caverne ignorée
Où dorment des trésors sans nombre, la contrée
Souterraine et terrible où mille diamants
Me tiennent lieu de jour par leurs scintillements,
Où les rayons légers et clairs de la topaze
Répondent à l'éclat du grenat qui s'embrase
De feux sombres, pareils aux braises du couchant.
Dans mes grottes sans fin, tu peux aller cherchant
Tout ce que ton désir se peut créer d'étrange .
Aux regards éblouis tout rutile, tout change :
J'ai des ors singuliers de diverses couleurs,
Des argents inconnus aux laiteuses pâleurs,
Et des métaux d'aspects plus variés encore
Qu'un nuage profond que l'arc-en-ciel colore !
C'est ici le creuset sans fond des éléments
Qu'élabore la terre en ses gouffres fumants,
L'abîme, vierge encor, des richesses profondes

Qui pourraient assouvir l'avidité des mondes,
Des forges de la nuit l'étourdissant séjour,
La source de la joie, et celle de l'amour !

ORPHÉE.

De l'amour? Ton erreur est vraiment singulière
Et ton esprit divin manque un peu de lumière,
Car le poète, ici, ne voit rien pour son cœur !

PLUTUS.

Sais-tu pas que par moi tu deviens le vainqueur
Des terrestres splendeurs mille fois désirées ?
Mon or ouvre à tes vœux de lointaines contrées
Où tu peux, sous l'azur, chercher en liberté
La femme rare, au cœur longuement convoité.

ORPHÉE.

J'ai trouvé cette femme et puis je l'ai perdue.

PLUTUS.

Eh bien! pour t'apaiser, je t'offre l'étendue

Des mers sans nom, des rocs inexplorés, des bois

Où des tristes humains n'a pas sonné la voix !

Je suis ton serviteur magnanime : commande!

Mon pouvoir est plus fort que la terre n'est grande !

Avec l'agilité superbe des oiseaux,

Orphée, envole-toi sur l'aile des vaisseaux

Qu'emporteront les vents vers un nouveau rivage !

Brise des jours passés le funèbre esclavage,

Pars, et change de ciel pour changer de pensers !

Sur le vert océan tes soucis balancés

S'exhaleront bientôt ainsi que s'évapore

Une blanche rosée aux regards de l'aurore !

Parle, et je ferai surgir esclaves et rameurs,

Une cour somptueuse aux joyeuses rumeurs,

Des chevaux hennissants, légers comme la brise,

Des amis, inconnus de ton âme surprise,

Des danseuses aux yeux perdus et provocants

Et des musiciens aux hymnes éloquents !
A ton gré dans la foule, à ton gré solitaire,
Plane dans ton extase ou pose-toi sur terre ;
C'est un songe réel, c'est une royauté
Sans royaume, sans guerre et sans fragilité !

ORPHÉE.

Accablé sous le poids de mes jours misérables
J'ai sillonné déjà des routes innombrables !
Devant moi des pays sans fin se sont ouverts,
Je n'ai pas eu besoin de l'immense univers
Pour connaître des cieux étrangers à mon âme,
Et celle que ma voix furieuse réclame,
Comment veux-tu, dis-moi, tuer son souvenir,
Quand rien après la mort n'a pu nous désunir,
Ni la dure raison, ni les courses forcées
Sous des cieux éclatants ou dans des nuits glacées ?
Tu m'offres la richesse, hélas ! ne sais-tu pas
Qu'il me faudrait plutôt la rage des combats
Les blessures, la fièvre et des douleurs nouvelles ?

Qu'importe le bonheur futur que tu révèles
A mon esprit sauvage et simple ? Que me font
Ces métaux innommés et ces trésors sans fond ?
Tout ce luxe irritant que tu crois nécessaire
Me ferait plus souffrir encor que ma misère !
Lis ma sombre pensée en mes yeux résolus :
Arrache-moi d'ici ; mais ne me parle plus !
Si divin que tu sois, c'est l'amour qui l'ordonne,
Un amour qu'a navré ton bon zèle et qu'étonne
L'amère inanité de ton vaste pouvoir !
Oui, j'ai besoin d'aimer comme mes yeux de voir !
Tes ors éblouissants, tes pierres, tes abîmes
Où dorment des métaux inconnus et sublimes
Ne sont plus rien pour moi près du bien qui m'est dû
Et qu'à peine goûté ma jeunesse a perdu !
Partir, je veux partir, je veux aller vers elle,
Vers la sublime vie ou la mort éternelle !

La caverne s'entrouvre devant Orphée, le dieu disparaît et les murs s'englou-
tissent. Il se trouve dans un paysage ténébreux. Une plaine s'étend au bord
d'un fleuve ; sur l'autre rive, en face, et un peu plus loin, des rochers noirs.

s'élèvent. Plats au sommet, ils sont éclairés par une bande de lumière rose, on y voit glisser des ombres heureuses. Un seul arbre, mort, se dresse au premier plan, près du fleuve. Un batelier s'y trouve adossé, rêvant.

ORPHÉE.

Homme, quel est le nom de ce fleuve sans bruit
Qui dans ses flots épais semble entraîner la nuit?

LE BATELIER.

C'est le Léthé. Veux-tu que ma barque te passe?

ORPHÉE.

Je ne sais. Parle-moi de ce pays

LE BATELIER.

       L'espace
Qui s'étend ici près, au rivage opposé,
Est cher au malheureux que la vie a lassé.

ORPHÉE.

Pourquoi?

LE BATELIER.

Car au delà de l’onde triste et noire
Pour se régénérer l’homme perd sa mémoire
Et l’âme épanouie il marche, triomphant,
Dans sa force virile et sa gaîté d’enfant !
J’ai dit et je suis prêt à t’obéir. Mes rames
Iront battre pour toi les ténébreuses lames ;
Parle donc, inconnu ; je me réjouirai
Si des terrestres maux mon bras t’a délivré !

ORPHÉE rêveur.

Je veux me rappeler encore !

LE BATELIER.

C’est sans doute
Qu’une incessante paix t’a suivi sur ta route ?

ORPHÉE.

Hélas !

LE BATELIER.

Tu souffres donc? Je ne te comprends pas !

ORPHÉE.

Oui, bien que malheureux, j'ai suspendu mes pas
Sur le seuil d'un bonheur qu'un cœur lâche salue
Mais indigne pour moi d'une âme résolue !
De mon calme dessein je te vois interdit.

LE BATELIER.

Certe !

ORPHÉE.

Le désespoir purifie et grandit
Et j'aime la Douleur si la Douleur est belle !
L'oubli, c'est le vrai nom dont le Néant s'appelle !
Quelle qu'en soit l'horreur, j'aime mieux à bénir
Les grand sanglots éclos dans un grand souvenir
Que d'offrir à mon mal quelque bonheur vulgaire !

Homme silencieux, tu ne m'approuves guère,

Car tous les malheureux que le sort jette ici

Sont pressés, je le crois, d'y laisser leur souci.

LE BATELIER.

Oui, tu devines juste et les ombres humaines

Ont un dégoût sans nom des amours et des haines,

Car là-haut, d'où tu viens, rien ne doit être gai !

Sur ces bords sombres l'homme arrive, fatigué,

Sans force, et douloureux à voir comme une épave.

Plus d'un grand conquérant a l'air d'un vieil esclave,

Et tous semblent, tournant la tête avec horreur,

Prendre les jours passés pour une immense erreur !

ORPHÉE.

Si grand que soit mon mal d'amour, et si cruelle

Que soit une existence où tout me parle d'elle,

Je pars ! la volupté qu'on me promet là-bas,

Mon désespoir farouche et noble n'en veut pas.

Oui, je garde ma vie, errant et noir poème.

En demeurant plaintif, je veux rester moi-même,

Et qui sait si très loin d'ici, sous d'autres cieux,

Dans quelque beau pays tiède et mystérieux,

Elle ne m'attend pas, ma pensive épousée !

Que dirait-elle alors, le jour où ma pensée,

Aurait, dans un coupable et morne abattement,

Mieux aimé le néant qu'un sublime tourment ?

Oh ! non ! Je ne dois pas rester ! Adieu, beau fleuve !

Dans ta vertu divine il n'est rien qui m'émeuve !

Adieu ! triste bonheur que je hais ! Batelier,

Adieu ! Mon désespoir ne veut rien oublier !

Le paysage disparaît au moment où Orphée s'enfuit. Il voit surgir devant lui des
rocs nouveaux qui lui ferment le paysage et l'entourent. Les trois juges des
enfers, MINOS, EAQUE et RHADAMANTE apparaissent sur leurs trônes, vêtus
de noir et entourés de personnages aux longues toges de pourpre qui tiennent
des lances et baissent la tête.

MINOS.

Les destins ont parlé.

EAQUE.

Pour toi l'heure est venue.

RHADAMANTE.

Homme, écoute sans peur.

ORPHÉE.

Quelle grotte inconnue
A mes yeux stupéfaits s'ouvre lugubrement ?
Et vous, juges pensifs au visage dormant,
Saurai-je à quels tourments votre voix me convie ?

MINOS.

Nous te rendons ton bien !

EAQUE.

Ton idéal !

RHADAMANTE.

Ta vie !

ORPHÉE.

Eurydice ?

LES TROIS JUGES.

Elle-même !

ORPHÉE.

Ah ! comment vous bénir ?

LES TROIS JUGES.

Avant de nous louer, sois sûr de l'avenir.

MINOS.

Des périls inconnus au séduisant mirage
Et des tentations dignes de ton courage
N'ont pas pu triompher de ton vouloir de fer.

Tu veux reconquérir, cette nuit, l'être cher.

C'est bien ! Mais il te faut, pour reprendre Eurydice,

Obéir froidement à la noire justice

Et suivre, en leur rigueur, les ordres infernaux.

Tu vas donc pénétrer dans le lieu de repos

Où sous des rameaux verts rêve ta bien-aimée !

Jusque dans tes transports, garde une âme fermée

Aux appels séduisants d'un amour trop charnel,

Sois ardent en parole ; en fait, sois fraternel.

Va ! Songe avec terreur qu'un seul baiser t'enlève

Celle qui fut pour toi la douleur et le rêve,

Orphée, et que tu peux, par l'oubli d'un moment,

Te créer à toi-même un éternel tourment !

Ils disparaissent et la grotte s'évanouit. Orphée est sur une pelouse, par une nuit claire, au milieu de jardins étranges, pleins d'arbres inconnus. Sur un tertre, au fond, sous un platane, Eurydice rêve, assise. Devant elle s'étend un lac qui se perd à gauche de la scène, dans de lointaines perspectives bordées de bosquets. La lumière est azurée, sombre et mystérieuse.

ORPHÉE.

Ah ! cette fois, les dieux n'ont pas menti ! C'est elle,

Ainsi qu'au premier jour désespérément belle !
N'est-ce pas toutefois un spectre décevant
Pareil, hélas ! à ceux que fait naître souvent
Mon âme tout en pleurs, vers un seul but tendue ?

EURYDICE.

Orphée !

ORPHÉE.

Ah ! cette voix, autrefois entendue,
Vient me charmer encor de son divin accent !

EURYDICE.

Je t'attendais !

ORPHÉE.

Je viens, j'approche en frémissant
De voir s'évanouir soudain l'ombre adorée !
Mais non ! sa douce main dans la mienne serrée

7.

Est tiède, et son étreinte est voluptueuse!

                            Oui,
Éclate en purs transports, mon cœur épanoui!
Eurydice est vivante, Orphée est auprès d'elle,
Et la morte pleurée était une immortelle!

Il s'agenouille à ses pieds.

Enfant, as-tu souffert comme moi?

EURYDICE.

                            Je ne sais!
Impalpable et plongée en de vagues pensers
Depuis que ma pauvre âme abandonna la terre,
J'ai vécu d'une vie au vagabond mystère!
Dans des lieux inconnus j'ai flotté longuement
Comme un nuage noir qui glisse au firmament!
Si c'est avec regret qu'en mourant, la rosée
Songe au gramen tremblant et fin qui l'a bercée,
Et si le parfum souffre en quittant une fleur,
Telle était ma subtile et constante douleur!

Consciente à demi, mais toujours palpitante
De la fièvre sans nom d'une trompeuse attente,
J'ai volé sans repos dans les déserts du ciel,
 Chassée éperdument par un vent éternel !
En moi le souvenir indécis de ta perte
Vivait comme une plaie étrange, à peine ouverte ;
De ténèbres baignée ou pleine de soleil
Je fuyais, sans fatigue et pourtant sans sommeil,
Et, dans l'éther léger, mon être impondérable
Allait, toujours rapide et toujours misérable !
Puis un jour, le passé reprit ses vrais contours,
Je retrouvai ce cœur où battaient mes amours,
Et mon âme, au hasard longtemps abandonnée,
Dans mon corps primitif s'était réincarnée.

ORPHÉE.

Je ne me plaindrai pas, Eurydice ! Mes pleurs
Dans ce monde égoïste ont lassé les meilleurs.
Je ne veux plus savoir si j'ai souffert ! Je t'aime !
Et ma bouche où criait sans cesse l'anathème,

O vierge! ne veut plus désormais se rouvrir
Qu'afin de dire un cœur créé pour te chérir!

EURYDICE.

Notre nuit d'hyménée est enfin revenue!

ORPHÉE.

Hélas!

EURYDICE.

Tu dis hélas! quelle peine inconnue
Vient s'imposer encore à tes désirs d'époux?

ORPHÉE.

Les dieux m'ont accordé ce divin rendez-vous,
Mais il m'ont interdit la joie accoutumée
Que goûte tout amant près de sa bien-aimée!
Les cruels! ils m'ont dit sans trouble et sans émoi
Qu'un seul baiser, un seul, t'enlèverait à moi!

EURYDICE.

Hélas !

ORPHÉE.

C'est à ton tour de dire : hélas! Nos âmes
Ne pourront donc jamais confondre leurs deux flammes!
Nous voilà, radieux à la fois et navrés,
Assis l'un près de l'autre et pourtant séparés!

EURYDICE.

Dis-moi! n'est-il pas doux cependant d'être ensemble
Au bord de ce lac clair et bleu dont l'azur tremble ?
Mon époux, n'est-t-il pas triste et délicieux
De lire dans l'éclat mutuel de nos yeux
Nos délires secrets et nos appels intimes ?
Nous sommes des heureux autant que des victimes!
Et sur notre amour plane une étrange rigueur
Qui, dans son amertume, est exquise à mon cœur!

ORPHÉE.

Oui certes, après tout, c'est une heure bénie
Que celle où te voilà si purement unie
A l'amant qui mourait de ne pas te revoir !
C'est vrai : pourquoi parler encor de désespoir
Quand ta main délicate a tremblé dans la mienne,
Et quand, dans une extase immense, aérienne,
Montent avec douceur nos esprits éperdus !
Ah ! savourons ces biens que l'on nous a rendus !
Je te vois ! Suis-je fou de vouloir plus encore,
Lorsqu'à ton seul aspect ma douleur s'évapore,
Lorsque j'aurais des dieux simplement accepté
De vivre à tes genoux pendant l'éternité !

EURYDICE.

Le ciel est sans nuage et les astres sans nombre !
Vois ! Regarde avec moi, dans la fraîche pénombre,
Les cygnes endormis qui flottent sur les eaux.
Tout dort. Pas un frisson de brise ou de roseaux,

Nous sommes seuls ici loin du terrestre monde
Dans le pays du rêve où le mystère abonde,
Où l'immortelle nuit au bleu rayonnement
De joie et d'idéal nous baigne doucement!

ORPHEE.

Oui, s'aimer, c'est vibrer devant les mêmes choses !
C'est se parler parfois avec des lèvres closes,
Sans serrement de main et sans même un regard !
C'est plus que la Nature encore et plus que l'Art,
Car nul n'a pu fixer dans notre humain langage
Ces moments solennels où l'âme se dégage
Dans un voluptueux effort de liberté
Et se fait du divin une réalité !

EURYDICE.

Que le silence est doux aux âmes amoureuses !
Des arbres effacés les masses ténébreuses
Se taisent. Pas d'oiseaux, pas de sources. Les flots
Ont eux-mêmes calmé leurs réguliers sanglots

Et donnent des baisers muets à leur rivage !

J'aime cette nature à la douceur sauvage

Et ces lointains perdus, et là-bas, ces sommets

Que l'humaine rumeur n'éveillera jamais !...

Tu me parlais de calme et de sereine ivresse,

Mais quand mes yeux vers toi s'en vont avec tendresse

Pourquoi donc sembles-tu les fuir ?

ORPHÉE.

Tu le sais bien !

Tout mon être frissonne et répond trop au tien !

Oui, malgré mon vouloir terrible, ô bien-aimée,

Mon âme auprès de toi lentement transformée

S'échauffe d'elle-même et dans ses profondeurs

Sent bouillonner l'essaim des charnelles ardeurs !

Déjà la pureté s'enfuit de mon extase !

Tout me trouble, tes seins palpitants sous la gaze,

Ta main tiède où je sens courir ton jeune sang,

Et tes formes de vierge au prestige puissant !

Ce bonheur envolé qui soudain recommence

M'a jeté malgré moi dans un désordre immense
Et mon cœur, sous tes yeux au feu doux et subtil,
Se fond comme la neige aux regards de l'avril !
Ah ! te perdre en un seul baiser ? est-ce possible ?
Quel misérable dieu fut assez insensible
Pour m'avoir cette nuit, d'un seul mot, condamné
A l'irritante horreur du désir enchaîné !
Laisse-moi me pencher sur ton exquise haleine !
Les injustes douleurs dont ma jeunesse est pleine
M'attirent sans repos vers ton visage aimé,
Vers tes yeux demi-clos et ton souffle embaumé !
Sur mes bras, doucement, laisse tomber ta tête !
Respire en liberté, mais demeure muette !
Étrange volupté ! doux envahissement!...
Je crois en moi sentir passer, paisiblement,
Le parfum de ta vie avec ton âme entière !
Oui, tout n'est plus ici que délire et lumière,
Mon vouloir est vaincu, mes desseins, désarmés,
Tu rayonnes pour moi jusqu'en tes yeux fermés !
Le désir, c'est la mort ! te posséder, c'est vivre !

Ah ! ton souffle de vierge, il me parle, il m'enivre,
Il me perd !...

Au moment où il l'embrasse sur les lèvres tout s'écroule autour de lui, et il se
retrouve près de la maison du paysan grec, au lever du jour.

J'ai rêvé, j'ai seulement rêvé !
Mon céleste bonheur s'envole, inachevé !
Rien ! Plus rien que ce champ désert où l'ombre amie
Trompa quelques moments ma douleur endormie !
Et le soleil levant à la douce chaleur
En éclairant mes yeux fait saigner ma douleur !

STANCES D'ORPHÉE

Verdissez, frais printemps pleins de vives haleines!
Resplendissez, soleils des torrides étés!
Rayonnez, soirs d'automne aux sanglantes clartés!

Durs hivers, blanchissez les forêts et les plaines,

Voilez de fins brouillards la splendeur des beaux jours

Et des fleuves d'argent glacez le libre cours !

Ah ! vous ne pourrez pas, ô saisons éternelles,

Éteindre mon amour ou transformer mon cœur !

Les plus lointains pays, les femmes les plus belles

Ne m'enseigneront pas le secret du bonheur !

Je ne connaîtrai plus de voluptés nouvelles,

Mon passé tout entier de moi-même est vainqueur !

Ah ! je ne savais pas que je brisais ma vie

Quand je m'épanouis dans mon premier amour !

L'illusion chantait en mon âme affaiblie

Et, dans l'aveuglement de ma chère folie,

Je n'avais pas pensé que les pleurs ont leur tour,

  Et que nos meilleures journées,

Nos espoirs les plus beaux, nos plus doux hyménées,

S'abîment tout à coup au moment le plus cher

Comme une barque en fête au milieu de la mer !

Que m'importe à présent tout ce qui vit au monde?

Tout me blesse, le jour qui luit,

L'aurore scintillante à la lumière blonde

Et l'azur constellé de la plus belle nuit!

C'est elle que mon âme éperdument poursuit!

L'univers ne peut rien à ma douleur profonde!

La mer resplendissante et les grands soleils d'or

Ne dissiperont pas ma nuit intérieure!

Si le ciel est triste, je pleure!

S'il est joyeux, je pleure encor!

Je m'indigne du cours accoutumé des choses,

Des arbres verts, des blés mûris, des fleurs écloses,

Du murmure infini des forêts et des eaux,

Du chant des travailleurs, des amours des oiseaux!

Autour de moi tout semble insulter à ma peine,

Ces vallons embaumés, ces ombrages épais!

Hélas! et tout ce que j'aimais

Ne m'inspire que de la haine,

Et ma fidélité douloureuse m'enchaîne

A ce bien que la mort m'a ravi pour jamais?

Misérable orgueilleux, comment pouvais-tu croire
Que pour toi seul au vent frissonnaient les forêts,
Que leurs hymnes chantaient tes amours et ta gloire,
Que tout devait souffrir lorsque tu souffrirais!

      Va! n'attends rien de la Nature,
De ses vaines splendeurs ou des hommes ingrats!
Vers l'insensible azur ne lève plus les bras!
Nul écho ne répond à tes cris de torture!
Puisque tu ne peux pas, inconsolable cœur,
Oublier ta première et ton unique amie,
Puisque je ne crains rien d'une nouvelle vie,
Et puisque le Néant non plus ne me fait peur,
Je fermerai mes yeux, moi-même, à la lumière,
Et pour me bien frapper, je veux être assez fort;
Qui souffre sans espoir se détruit sans remord;
Que je survive ou non à ma triste poussière,
Je trouverai la paix dans les bras de la Mort!
— De la Mort? Mais périr solitaire, est-ce juste?
Oui! Périr inutile et cependant robuste,
Est-ce digne d'un cœur jadis si valeureux?

Il est bien quelque part un homme malheureux
Ou quelque nation tristement asservie,
A qui je puisse offrir mes fureurs et ma vie!
Poète! souviens-toi de ces temps enchantés
Où ta verve courait des forêts aux cités,
Où tes yeux ignoraient les larmes, où ta bouche
Relevait le timide et domptait le farouche,
Où ton errante voix proclamait sous le ciel
La justice invincible et le droit éternel!
Rends du moins généreuse et belle ta démence!
Pars!! Le mal est partout sur cette terre immense,
Et par ton désespoir servant la vérité,
Meurs en poète libre et pour la liberté!

RIDEAU.

ACTE QUATRIÈME

La conjuration. Un endroit sauvage sur les bords de l'Hèbre, à la nuit. Clair
de lune intense. Bois de cyprès, rosiers, tertres gazonnés. Les barbares
sont rassemblés mystérieusement. Quelques-uns entrent encore en scène
quand le rideau est levé et se font reconnaître par signes.

LE CHEF.

Vous savez tous ici qui perd notre patrie,
La Thrace ?

LES BARBARES.

C'est Barkal qui règne à Bessembrie,
C'est lui seul !

LE CHEF.

Notre paix, féconde jusque-là,
Par lui, comme un nuage, en un jour s'envola !

Partout la tyrannie ou l'honneur des conquêtes !

Soldats et justiciers s'en vont coupant les têtes

Et de la Chersonèse aux rochers de l'Orbel

Une vapeur de sang s'élève vers le ciel !

Amis, hier encore, une armée est partie

Vers l'Ister glacial et la noire Scythie

Et vers les flots gelés qui recouvrent la mer !

Les combats la tueront beaucoup moins que l'hiver !

Du côté du Bosphore et dans la mer Egée

La flotte, follement, s'est naguère engagée,

Et, dans les régions étranges du couchant,

Bientôt tout notre peuple, hélas! ira cherchant

Cette éphémère gloire et ce bonheur factice

Que dédaigne un cœur libre affamé de justice !

LES BARBARES.

C'est vrai, que le tyran soit frappé !

LE CHEF.

Nos enfants

Vont périr au midi sous des cieux étouffants

Ou là haut, vers le nord, dans la neige et la bise.

Faute d'un bras vaillant, le bon droit agonise,

Et, tandis qu'au dehors tout va mal, nos cités

Maudissent sourdement mille jougs détestés!

Dans les champs, autrefois si vastes et si riches,

S'étendent tristement les longs déserts des friches,

Et tous, en acceptant le Maître, lâchement,

Dans leur inaction trouvent leur châtiment!

Oui, nous sommes ici secrètement, mes frères,

Réunis par l'horreur de ces lois arbitraires

Qui sur toute une race ont trop longtemps pesé.

Le joug est sans remède; il faut qu'il soit brisé!

Devant notre pays ensanglanté qui pleure

Révoltons-nous! Soyons fermes! Choisissons l'heure

Où l'on peut sûrement anéantir celui

Pour qui notre silence est encor un appui.

LES BARBARES entre eux.

Nul ne peut approcher de son palais. — La ville

Qu'il a faite pour lui sinistrement tranquille

L'environne d'un calme et d'un isolement

8

Où le pas des soldats résonne seulement !

— Les portes sont autant de mornes citadelles

Où veillent des archers stupidement fidèles !

— Et tous les habitants, que font-t-ils ? — Ils ont peur ! —

La lâcheté, chez eux, s'est changée en stupeur !

Certe, aucun ne voudrait nous servir, et peut-être

Qu'au lieu d'un compagnon nous trouverions un traître !

— Mais les jardins royaux donnent sur l'Hèbre : alors

On peut, dans une nuit obscure, sans efforts,

En grand nombre venus, franchir l'eau peu profonde !

— C'est cela ! Puis trouver l'énorme mur de ronde

Et recevoir, d'en haut, les pierres et les traits

Dont nous accableront les veilleurs toujours prêts !

— Eh bien ! l'on périra devant la porte close !

Notre vie est, je crois, donnée à notre cause !

— Succomber est très digne et fort beau, mais d'abord

Il faudrait qu'au pays profitât notre mort !

— Oui ! pourquoi devenir d'inutiles apôtres ?

Notre mort, sachez-le, serait mortelle aux nôtres,

Si, par malheur, Barkal échappait à nos mains !

Alors, pour le pays, que d'affreux lendemains,

Et que d'âpres fureurs dans cette âme abhorrée

Que notre sainte audace aurait exaspérée !

— C'est juste ! Et nous devons frapper très sûrement

Ou vivre, sans espoir, avec notre tourment.

LE CHEF.

Sans espoir est un mot que ma fierté réprouve !

Revoyons-nous encor, s'il le faut, mais qu'on trouve

Un moyen, salutaire et terrible à la fois,

Pour surgir de l'abîme et conquérir nos droits !

L'introuvable tyran qui fait trembler la Thrace,

A bien quelque défaut, je pense, à sa cuirasse,

Et certes, l'on a vu renversés aujourd'hui

Par de moins forts que nous de bien plus grands que lui !

L'obscure destinée en pièges est féconde

Et nul, fût-t-il un dieu, n'est immuable au monde !

UN BARBARE.

En somme, que veut-on pour lui ? Le talion.

Pourquoi rêver alors foule et rébellion,
Assauts mystérieux, tumulte et choses folles
Et perdre dans le vent tant de belles paroles?
Pour planter un poignard rapide au cou du roi
Un seul pourrait suffire...

ORPHÉE apparaissant.

Et celui-là, c'est moi!

LE CHEF.

Qui donc? Quelqu'un de vous le peut-il reconnaître?

LES BARBARES.

Non! — C'est quelqu'insensé! — Si ce n'est pas un traître!

LE CHEF.

Assurez-vous de lui!

LES BARBARES.

Nous le tenons.

ORPHÉE.

Je viens

Dans cette ombre, vers vous, car vous êtes les miens!

Dans le ciel a rougi déjà plus d'une aurore

Depuis qu'un jour, non loin de l'azur du Bosphore,

Je vous trouvai sanglants auprès de la forêt

Où mon hymen paisible et joyeux était prêt!

Maintenant plus de rêve et plus de bien-aimée!

Au plus timide espoir ma jeunesse est fermée,

Mais ce cœur, courageux encor, jusqu'en son deuil,

Je vous le viens offrir avec un juste orgueil!

Vous m'avez oublié; pour moi, je me rappelle!

Je vois qu'à son serment chacun reste fidèle

Et qu'en vous un esprit noblement indompté

Vibre pour la révolte et pour l'humanité!

Le chef et les barbares se reculent avec respect.

Orphée!

ORPHÉE.

Oui, me voilà !

LE CHEF.

Pardonne, âme sublime
Qui de notre folie allais être victime !

ORPHÉE.

Vous n'étiez que prudents, et c'est bien ! Mais Ermor,
Mon regard anxieux ne le voit pas encor !
N'est-il point parmi vous ?

LE CHEF.

Il n'est plus sur la terre !

ORPHÉE.

Tous me quittent !

LE CHEF.

Sa mort est restée un mystère,
Mais nous savons déjà par un bruit obstiné
Qu'au temple d'Apollon il fut assassiné !

ORPHÉE.

Par cet égorgement dont s'accroît ma colère,
Mon cœur s'est assombri, mais mon esprit s'éclaire !
Noble Ermor, me voilà tout entier retrouvé,
Tel qu'en ta soif du bien tu m'as toujours rêvé !
Oui, mon ami, ta mort solitaire et cruelle
Affermit mes desseins et vers toi me rappelle !
Si de ton âme juste à la rude Beauté
Le stupide néant n'a pas tout emporté,
Alors console-toi ! Que ma fière parole
Vers toi, dans l'infini, sur la brise s'envole !
Que ton ombre invisible et ton esprit aimant
Viennent planer sur moi jusqu'au dernier moment !
Mais, si tu n'es plus rien qu'une poussière vaine,

J'offre mes derniers chants et ma dernière haine
A ton pur souvenir, invinciblement cher,
En moi-même implanté comme un roc dans la mer.

LE CHEF.

Notre vieille douleur à la tienne se mêle !
Mais toi, sombre poète, âme plaintive et belle,
Puisqu'au milieu de nous tu viens, soudainement,
Tout rayonnant de vie et d'âpre dévouement,
Parle ! que ta sagesse à tes amis propose
Le moyen de servir rapidement leur cause.

ORPHÉE.

Au milieu de la nuit, demain, près des remparts,
Attendez en silence et par groupes épars :
La chose désirée aura lieu vers cette heure.
J'irai, par un moyen secret, vers la demeure
De celui dont la mort est pour nous un devoir ;
Une immense rumeur vous la fera savoir.

Passez violemment par les portes : la ville
Peut-être à ce moment redeviendra virile ;
Quoi qu'il en soit, courez au palais, résolus !
Entrez, tuez, régnez !... Moi, je ne serai plus !

LE CHEF.

Mon frère, embrasse-nous !

ORPHÉE.

Adieu ! C'est pour la vie !

LES BARBARES.

Pour toujours !

ORPHEE.

Une fois la vengeance assouvie,
La Justice debout, et le trône écroulé,
Pensez souvent à moi qui fus un désolé,
A ma jeunesse, hélas ! trop vite traversée

Par un terrible amour, mortel pour ma pensée,

Et, si votre avenir est lumineux et beau,

Songez à votre ami, peut-être sans tombeau.

RIDEAU.

DEUXIÈME TABLEAU

L'intérieur du palais de Barkal pendant un festin. Colonnades de marbre. Sphinx de granit et griffons de chaque côté de la table immense. Des esclaves noirs et blancs vont et viennent.

BARKAL.

Écoutez-moi, vous tous, mes convives ! Vous êtes
Les serviteurs royaux et les maîtres des fêtes !
Mais on devrait plutôt vous appeler l'Ennui !
Hier est le modèle éternel d'Aujourd'hui !
Et tous vos plats esprits que ma bonté tolère
Font s'amasser en moi des trésors de colère !
Depuis longtemps déjà vos stupides cerveaux
N'ont pas même créé de supplices nouveaux !
Les mêmes chants, toujours, vibrent dans mes oreilles
Et les femmes que j'ai sont tristement pareilles !

UN INTENDANT.

Maître, souvenez-vous quelque peu. Ce matin,
Je vous fis voir, avant notre premier festin,
Sous les larges cyprès du parc, des vierges nues,
Fort belles suivant vous, et dans la nuit venues
D'Ilion, de Lemnos et de plus loin encor !
Nous vous avons ouvert aussi le grand trésor
Descellé dans un temple au bord du Borysthène !
Pour les musiciens, c'est de l'Inde lointaine
Qu'ils arrivent, pour faire entendre sous nos cieux
D'étranges instruments aux sons mystérieux.

BARKAL.

Tu te veux donc du mal, pour que, sans nulle honte,
Tu viennes m'assommer de cet éternel conte !
Ah ! tu mériterais, ô loquace intendant,
Que l'on te fît asseoir sur un feu bien ardent !
Là tu parlerais haut et longtemps, à ton aise,
Chauffant ton éloquence aux baisers de la braise !

Personne n'a plus rien à dire?

UN CONVIVE.

                               Rien, sinon
Que chacun parmi nous, Barkal, bénit ton nom
Et brûle de bannir cette mélancolie
Où ton esprit, naguère éblouissant, s'oublie!

BARKAL.

Si tu parles encor, toi, tu seras pendu!
Pour un que l'on écoute, on a tout entendu !
Jamais, dans la splendeur d'une immense tablée,
La tristesse d'un roi ne fut plus isolée !
Buvons!
            Buvez au moins, si vous ne dites rien !
Pour les esprits épais se saoûler est un bien,
Et quelquefois le vin éclaircit leurs idées !
J'aime les ventres pleins et les coupes vidées,
Les pédants solennels qui se font insensés,
Et les gens endormis sous la table écrasés !

                                          9

Buvons !

        Et rien n'est doux pour moi comme, après boire,
D'apprendre quelque énorme et sanglante victoire
Ou d'avoir tout à coup les sens extasiés
Par les cris des sujets pour moi suppliciés !
L'ennui, le morne ennui, je n'en veux plus !

                                    La vie
Comme une bête, en moi, rugit inassouvie !
A tous mes vieux désirs il faut de l'inconnu !
Mes rêves, c'est un monde en mon sein contenu,
Beaux rêves triomphants, houleux comme la foule,
Pleins de fauves clameurs, rouges de sang qui coule,
Rêves d'amour brûlants et longs où je me tords
Parmi les membres nus des femmes aux beaux corps !
Je suis comme un volcan qui regorge de laves !
L'imprévu, c'est la règle ! Entendez-vous, esclaves !
Il me faut désormais une réalité
Qui, sans aucun appel, s'offre à ma volonté,
Et pareil sur la terre aux fabuleux génies
Qui domptent, d'un regard, les forces infinies,

Je veux qu'en ce palais chacun n'ait de loisir
Que pour lire en mes yeux et prévoir mon désir.

Tumulte au dehors.

Mais qui cause là-bas cette rumeur étrange?
Votre roi veut la paix au dehors quand il mange;
On le sait. Qui donc trouble ainsi notre repas?

UN INTENDANT.

C'est un fou.

BARKAL.

Que veut-il?

L'INTENDANT.

Il chante vos combats,
Roi vénérable! Il marche, il pleure, il rit, il crie,
Proclame que Barkal a sauvé la patrie;
Parmi tous les veilleurs du faubourg étonné,
Il a passé, rapide, étrange, illuminé,

Les bras en l'air, les yeux perdus, sans faire halte !
Quelque démon caché le possède et l'exalte !
Dans le grand escalier de porphyre, à présent,
Au milieu des soldats il parle, frémissant !
Les uns, les plus nombreux, le couvrent d'ironie,
D'autres, plus fous que lui, célèbrent son génie.

BARKAL.

Qu'il entre ! C'est peut-être en somme la Gaîté
Qui de l'Ennui royal veut l'hospitalité.

Orphée entre et se tient à une distance respectueuse du roi, retenu
par des soldats.

BARKAL.

Comment te nommes-tu? réponds sans peur.

ORPHÉE.

                                        Mon maître,
Je ne me connais pas; tu ne peux me connaître !

BARKAL.

Et que fais-tu ?

ORPHÉE.

Je vais devant moi, sans savoir,
Quand l'aurore se lève, où je couche le soir.

BARKAL.

Et quels sont tes plaisirs sur la terre ?

ORPHÉE.

                              Je chante,
D'une voix tour à tour furieuse et touchante,
La beauté des forêts, des vignes et des mers !
Tes rayonnants exploits à mes strophes sont chers ;
Je les conte souvent aux villes assemblées,
A des pasteurs, assis en rond dans les vallées,
Aux travailleurs brunis qui rentrent des moissons,
A des vieillards, assis au seuil de leurs maisons,

Et, quand je suis tout seul, je le dis à moi-même!

BARKAL.

Et pourquoi célébrer mon règne?

ORPHÉE.

C'est que j'aime
Les choses de la vie en toute leur splendeur,
Ton armée invincible et ta sauvage ardeur,
Ce palais où, pareil aux dieux que l'homme rêve,
Tu trônes, redoutable, et débordant de sève,.
Ces jardins inconnus, terriblement discrets,
Entourant ton séjour ainsi que des forêts,
Et le mystère immense et beau qui t'environne
En planant sur ton front comme une autre couronne!

BARKAL.

Tu parles bien.

ORPHÉE.

Veux-tu que je parle encor ?

BARKAL.

Tu me plais. Continue ainsi. Prends ton essor,
Dis-moi Barkal, son cœur impétueux, ses fièvres,
Tout ce que ton démon jettera sur tes lèvres
Et mets tes radieux accents en liberté !
Sur la terre, avant toi, nul ne m'avait chanté.

ORPHÉE.

J'aime vos bruits sans nombre, ô vivantes mêlées,
Où la foule, pareille aux mers échevelées,
En tumulte recule et bondit tour à tour,
Où les rudes clameurs s'élèvent en tempêtes,
Où s'unit aux appels déchirants des trompettes
Le tonnerre lugubre et sombre du tambour !

J'aime le sifflement des flèches en nuées

Les bataillons compacts où se font des trouées
Sous la décharge épaisse et noire des frondeurs,
Et les cerveaux, malgré le casque et les armures,
Mis en éclats, ainsi que des grenades mûres,
Par les masses de fer aux rapides lourdeurs !

J'aime tes cavaliers dont le flot vif ondoie ;
Ils passent, rayonnants de fureur et de joie,
Et sanglés dans la peau des lions et des ours ;
Leur corps, rapide et beau, se tord et se balance,
Et, du haut des arçons qu'ils étreignent, leur lance
Au cœur des fantassins va se planter toujours !

J'aime surtout le soir, quand la bataille immense
Tourbillonne, terrible, en sa belle démence,
Et fait des combattants de monstrueux troupeaux,
Quand les blessés, nombreux et plaintifs, veulent boire,
Quand, sonnant la fanfare à pleins poumons, la gloire
Descend avec la nuit sur tes sanglants drapeaux !

Et j'aime mieux encor les ténèbres complètes
Sur le désordre noir des énormes défaites,
Les loups, aux yeux ardents, accourus par milliers,
Les grands monceaux de morts où quelque vivant crie
Et, surtout, l'immobile et superbe furie
Des prisonniers hurlants qu'on a crucifiés !

BARKAL.

Chante encor, viens plus près !

ORPHÉE.

                    Maintenant, je veux dire
L'amour, non pas celui qui sourit et soupire,
Mais l'amour furieux, tel que tu le comprends,
L'amour qui foule aux pieds les stupides servages
Et qui, plus beau qu'un rut des étalons sauvages,
N'a jamais pu charmer que les cœurs les plus grands !

Oui, point de vains saluts et de paroles vaines !
Je veux les cris mêlés, les brûlantes haleines;

9

Et les ongles du mâle imprimés dans les chairs,
La femme prise vite et vite délaissée,
Car un prompt changement dilate la pensée
Rend nos plaisirs plus beaux et nos baisers plus fiers !

Et je veux dire aussi le sanglant hyménée,
O roi, de mainte vierge en ton lit amenée,
Puis par toi poignardée en pleine volupté,
Et ton cœur inondé d'une ivresse infinie,
En voyant à la fois l'amour et l'agonie
Réunir leurs frissons en sa pâle beauté !

BARKAL.

Ami, chante toujours, tu m'éblouis !

ORPHÉE, presque en face du roi.

      Ma bouche
Voudrait pour ton pouvoir, obstinément farouche,
Des vers majestueux et toujours grandissants !
Oui, pour ta cruauté magnifique et féconde

Qui sait pour son plaisir dépeupler tout un monde,
Quel dieu va me prêter d'assez dignes accents?

Sont-ce mes lèvres d'homme, ô roi, qui pourront dire
Les longs ravissements où te plonge un martyre
De frais adolescents, près du trône écorchés,
Et tes superbes yeux, illuminés d'extase,
Devant le réchaud noir qu'un tourmenteur embrase
Sur les ventres tout nus des innocents couchés?

Trouverai-je, en ma simple et froide poésie,
Quelque strophe sauvage à l'âpreté choisie
Pour célébrer les morts que te doit mon pays,
Et les vieilles cités, et les obscurs villages
Et les tribus sans nom qui vivent sur les plages,
Par la sainte terreur de ton nom envahis !

Non, Barkal! Et souvent, ma verve est affaiblie
Devant les beaux trésors dont ton âme est remplie
Car ton œuvre sublime a dépassé mon art,

Mais si mon œil se trouble et si ma voix s'arrête,
Pour exalter le Bien ma vie est toujours prête !
A défaut d'un grand vers, je trouve mon poignard !

Il égorge le roi : tumulte.

UN INTENDANT, *penché sur Barkal.*

Il n'est plus !

ORPHÉE.

Tuez-moi ! La Patrie est sauvée !

UN SOLDAT.

Tous aux armes !

Orphée est entouré et frappé.

ORPHÉE.

Salut, ô mort longtemps rêvée !

Je vais trouver enfin dans ton gouffre béant
L'éternelle Eurydice ou l'éternel Néant!

Les conjurés triomphants envahissent la scène.

RIDEAU.

FIN

Motteroz, Adm.-Direct. des Imprimeries réunies, B, Puteaux.

DERNIÈRES PIÈCES PARUES

	fr.	c.		fr.	c.
Jean Baudry, *pièce*	2	»	Le Fandango, *ballet pant.*	1	»
La Papillonne, *comédie*	2	»	La Comtesse Romani, *com*	2	»
Charlotte Corday, *drame*	2	»	Le Roi de Lahore, *opéra*	1	»
La Moabite, *pièce en vers*	2	»	Cinq-Mars, *drame lyrique*	1	»
Rataplan, *revue*	2	»	Oh! Monsieur! *saynète*	1	»
Les Braves Gens, *comédie*	2	»	Les Charbonniers, *opérette*	1	50
Belle Lurette, *opéra comique*	2	»	Le Tunnel, *comédie*	1	50
Nina la Tueuse, *comédie*	1	50	L'Hetman, *pièce en vers*	2	»
Daniel Rochat, *comédie*	2	»	L'Etrangère, *comédie*	2	»
La Petite Mère, *comédie*	2	»	Paul Forestier, *com. en vers*	2	»
L'Amiral, *comédie en vers*	2	»	Le Prince! *comédie*	2	»
Jean de Nivelle, *opéra com.*	1	»	Mariages riches! *comédie*	2	»
Chevalier Trumeau, *c. en vers*	1	»	Aïda, *opéra*	1	»
Papa, *comédie*	2	»	Paul et Virginie, *opéra*	1	»
Vercingétorix, *drame*	4	»	La Partie d'échecs, *comédie*	1	50
Les Mouchards, *pièce*	»	50	Sylvia, *ballet*	1	»
La Victime, *comédie*	1	50	Madame Caverlet, *comédie*	2	»
Beau Nicolas, *opéra comique*	2	»	Piccolino, *opéra comique*	2	»
Le Mari de la débutante, *com.*	2	»	Boulangère a des écus, *o. bouf.*	2	»
La Jolie Persane, *opéra com*	2	»	Loulou, *vaudeville*	1	50
Anne de Kerviler, *drame*	1	50	Monsieur attend Madame, *com.*	1	50
Jonathan, *comédie*	2	»	Petite Pluie, *comédie*	1	50
Lolotte, *comédie*	1	50	Le Panache, *comédie*	2	»
La Famille, *comédie*	1	50	Fanny Lear, *comédie*	2	»
L'Etincelle, *pièce*	1	50	Carmen, *opéra comique*	1	»
Les Tapageurs, *comédie*	2	»	L'Oncle Sam, *comédie*	2	»
Le Petit Hôtel, *comédie*	1	50	La Haine, *drame*	2	»
La Petite Mademoiselle, *op. c.*	2	»	La Boule, *comédie*	2	»
Yedda, *ballet*	1	»	La Mi-Carème, *vaudeville*	1	50
Etienne Marcel, *opéra*	1	»	Le Homard, *comédie*	1	50
L'Age ingrat, *comédie*	2	»	Le Sphinx, *drame*	2	»
Les Danicheff, *com.*	2	»	Monsieur Alphonse, *pièce*	2	»
La Camargo, *opéra com*	2	»	Jeunesse de Louis XIV, *com*	2	»
Les Amants de Vérone, *opéra*	1	»	La Petite Marquise, *comédie*	2	»
Le Phonographe, *à-propos*	1	»	Jean de Thommeray, *comédie*	2	»
Le Gascon, *drame*	2	»	Libres! *drame historique*	2	»
Le Club, *comédie*	2	»	Toto chez Tata, *comédie*	1	50
Les Vieilles Couches, *comédie*	2	»	Chez l'avocat, *comédie*	1	50
Les Fourchambault, *comédie*	2	»	L'Été de la Saint-Martin, *com.*	1	50
Le Petit Duc, *opéra comique*	2	»	Le Roi Candaule, *comédie*	1	50
Hernani, *pièce*	2	»	La Femme de Claude, *pièce*	4	»
Scandales d'hier, *comédie*	2	»	Un Monsieur en habit noir, *c.*	1	50
La Cigale, *comédie*	2	»	Le Réveillon, *pièce*	2	»

Paris. — Imprimerie Ph. Bosc, 3, rue Auber

www.ingramcontent.com/pod-product-compliance
Lightning Source LLC
LaVergne TN
LVHW020631200726
843508LV00002B/572